越玩越聪明的文字游戏

郭凤英◎编

中国纺织出版社

内 容 提 要

莎士比亚说过："游戏是孩子最主要的'工作'。"游戏能让孩子在娱乐身心的同时还能锻炼思维、增长知识。尤其是文字游戏，玩起来更是其乐无穷，让孩子们终生受益。

本书不仅有丰富多彩的小游戏，还有精美的插画和互动小故事。不仅能够吸引孩子们的兴趣，还能使孩子们在游戏中学到知识、开发思维、增长见闻，提升孩子们的阅读兴趣。

图书在版编目（CIP）数据

越玩越聪明的文字游戏 / 郭凤英编. -- 北京 ： 中国纺织出版社，2015.12（2024.1重印）

ISBN 978-7-5180-1487-3

Ⅰ. ①越… Ⅱ. ①郭… Ⅲ. ①智力游戏—少儿读物 Ⅳ.①G898.2

中国版本图书馆CIP数据核字（2015）第063374号

责任编辑:赵晓红　　特约编辑:史倩文　　责任印制:储志伟

中国纺织出版社出版发行

地址：北京市朝阳区百子湾东里A407号楼　邮政编码：100124

销售电话：010—67004422　传真：010—87155801

http: //www.c-textilep.com

E-mail: faxing@c-textilep.com

中国纺织出版社天猫旗舰店

官方微博http://weibo.com/2119887771

永清县晔盛亚胶印有限公司印刷　各地新华书店经销

2015年7月第1版　2024年1月第4次印刷

开本:710×1000　1/16　印张:12.5

字数:133千字　定价:37.50元

前 言

文字是人们用来书写记事的主要工具。通过文字，我们可以学习知识、陶冶情操，可以看到发生在许多年前的事，也可以与不在身边亲人沟通联络，更可以独自一人抒发感情。

文字不仅仅具有记录、交流的实用价值以及由其简单优美的字形带来的审美价值，还可以成为人们娱乐休闲的方式，比如我们喜闻乐见的灯谜、对联等、便常被用来取乐斗智、寻觅知己。

本书特为中小学生所编，分为成语接龙、歇后语对对碰、数字谜语、趣味百科、诗词妙语等十个章节。本书所选题目的难度不大，以趣味性为重，旨在让孩子们在一个轻松愉快的学习氛围里体会到我国文字的独特魅力。当然，虽然本书所选题目的难度不大，但也需要小朋友们充分开动自己的脑筋才可以找到正确的答案。

相信通过对本书的阅读，你一定会对文字产生一种别样的感情。

编　者

2015 年 4 月

目 录

第一章

成语接龙

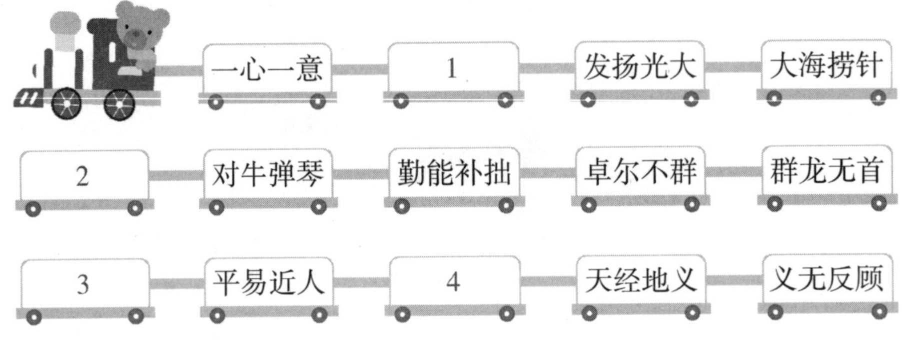

（答案见下页）

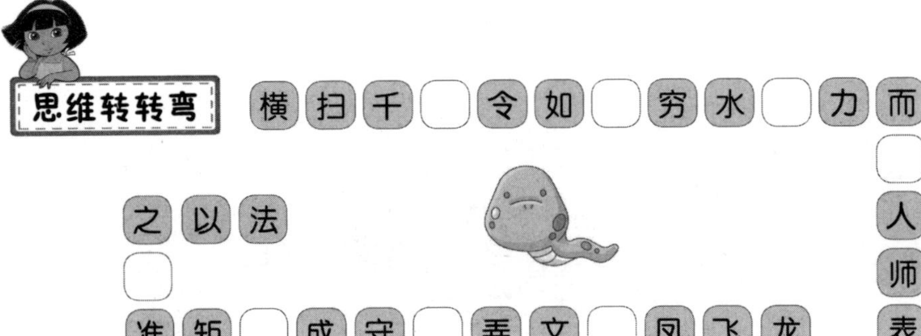

（答案见下页）

成语解释

一心一意	只有一个心思，没有别的考虑。
意气风发	意气：意志和气概；风发：像风吹一样迅猛。形容精神振奋，气概豪迈。
发扬光大	指使好的作风、传统等得到发展和提高。
大海捞针	在大海里捞一根针。比喻极难找到。

针锋相对	针尖对针尖。比喻双方在策略、论点及行动方式等方面尖锐对立。
对牛弹琴	讥笑听话的人不懂对方说得是什么。用以讥笑说话的人不看对象。
勤能补拙	勤奋能够弥补天赋的不足。
卓尔不群	卓尔：突出的样子；不群：与众不同。指才德超出寻常，与众不同。
群龙无首	一群龙没有领头的。比喻没有领头的，无法统一行动。
守口如瓶	闭口不谈，像瓶口塞紧了一般。形容说话谨慎，严守秘密。
平易近人	对人和蔼可亲，没有架子，使人容易接近。也指文字浅显，容易理解。
人定胜天	人定：人谋。指人力能够战胜自然。
天经地义	经：规范，原则；义：正理。天地间历久不变的常道。指绝对正确，不能改变的道理。也指理所当然的事。
义无反顾	义：道义；反顾：向后看。从道义上只有勇往直前，不能犹豫回顾。

成语接龙答案

1. 意气风发
2. 针锋相对
3. 守口如瓶
4. 人定胜天

思维转转弯答案

军、山、尽、为

舞、墨、规、绳

成语接龙

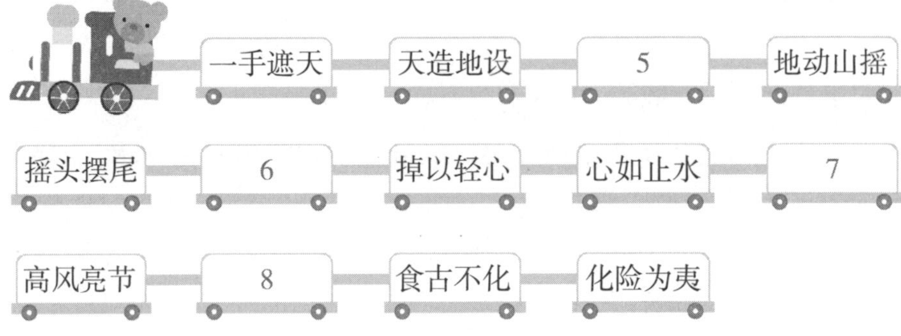

（答案见下页）

思维转转弯

（答案见下页）

成语解释

一手遮天	比喻依仗权势，玩弄手段，蒙蔽人们耳目。
天造地设	指自然，并且令人满意，无须人工修饰的事物。
设身处地	设：设想。把自己放在别人所处的位置上考虑。指替别人思考。

地动山摇	地被震动，山也摇摆。指声势浩大。
摇头摆尾	比喻人欢喜时悠然自得的样子。后形容人得意、轻浮的样子。
尾大不掉	掉：挥动，调动。尾巴太大就不好挥动了。现比喻机构庞大，指挥不灵。
掉以轻心	对事物采取轻率的，漫不经心的态度。
心如止水	心像静止的水一样平静。形容固守正道，不为世俗利害所动。
水涨船高	水位增高，船也随着上浮。比喻事物随着它所凭借的基础的增长而增长、提高。
高风亮节	高风：高尚的品格；亮节：坚贞的节操。指高尚的品格和行为。
节衣缩食	节：节省；缩：缩减。省吃省穿，尽力节约。
食古不化	泛指学习古人的知识时，不善于按照现时情况加以应用。
化险为夷	险：险阻；夷：平；平安。转危为安。

成语接龙答案

5. 设身处地
6. 尾大不掉
7. 水涨船高
8. 节衣缩食

思维转转弯答案

阿、承、后、上

心、一、意、长

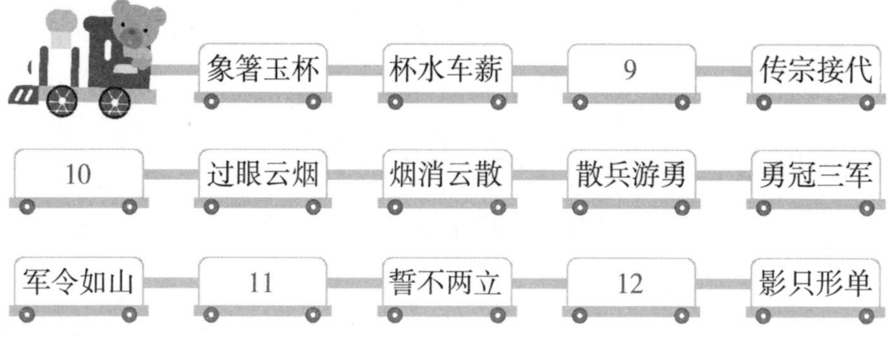

（答案见下页）

天 长 地 □ 别 重 □ 凶 化 □ 人 天

□

月 如 流　　　　　　　　　　　　煎

□　　　　　　　　　　　　　　　何

百 命 □ 心 重 □ 巧 言 □ 看 里 雾　急

（答案见下页）

象箸玉杯	象箸：用象牙做的筷子；玉杯：用玉制成的酒杯。比喻极度奢华的生活。
杯水车薪	一杯水救不了一大车着了火的柴草，比喻力量太小，无济于事。

薪尽火传	火烧尽了，火种却可以留下来。比喻学问或技艺代代相传。
传宗接代	旧指生了儿子可以让家世一代一代相传。
代人受过	代：代替。代替别人承担过错。
过眼云烟	在眼前掠过的云烟。比喻一掠而过，形容易消逝或忽视的事物。
烟消云散	像烟一样消散干净。形容消失干净，不见踪迹。
散兵游勇	指无人统帅的逃散了的士兵，也比喻没有组织到集体中来，零零散散单独行动的人。
勇冠三军	勇敢为全军之首。
军令如山	军事命令像山一样不可动摇，必须执行。
山盟海誓	盟：盟约；誓：誓言。指着山海立下誓言。指男女相爱时表示爱情要像山海一样永恒不变的誓言。
誓不两立	两立：双方并存。指不和敌对的人并存。形容仇恨极深。
立竿见影	把竹竿立在阳光下，立刻可以看到影子。比喻收效迅速，见效很快。
影只形单	只有自己一个人的影子。形容很孤单。

成语接龙答案

9. 薪尽火传
10. 代人受过
11. 山盟海誓
12. 立竿见影

思维转转弯答案

久、逢、吉、相

花、语、长、岁

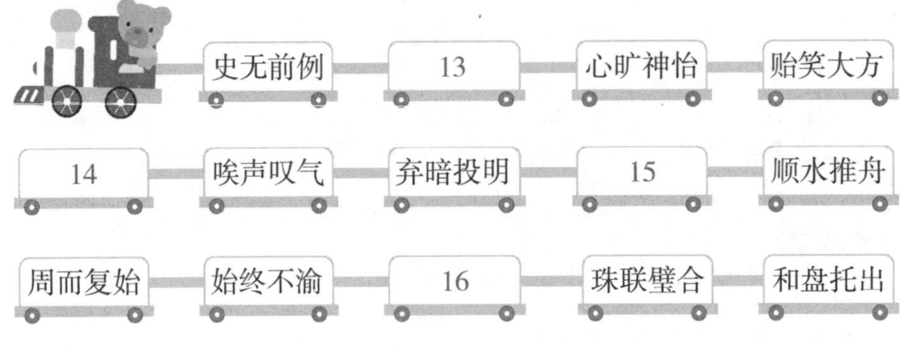

（答案见下页）

今 往 □ 万 芳 □ 逐 波 □ 妇 唱 夫

（答案见下页）

成语解释

史无前例	历史上从来没有过的事。指前所未有。
力不从心	指心里想做，可是力量够不上。
心旷神怡	旷：开阔；怡：愉快。心境开阔，精神愉快。
贻笑大方	贻笑：让人笑话；大方：原指懂得大道的人，后泛指见识广博或有专长的人。指让内行人笑话。

方兴未艾	方：正在；兴：兴起；艾：停止。事物正在发展，尚未达到止境。
唉声叹气	因伤感郁闷或悲痛而发出叹息的声音。
弃暗投明	离开黑暗，投向光明。比喻在政治上脱离反动阵营，投向进步方面。
名正言顺	原指名分正当，说话合理。后多指做某事名义正当，道理也说得通。
顺水推舟	顺着水流的方向推船。比喻顺着某个趋势或某种方便说话办事。
周而复始	周：环绕一圈；复：又，再。转了一圈又一圈，不断循环。
始终不渝	渝：改变，违背。自始至终一直不变。指守信用。
鱼目混珠	混：掺杂，冒充。拿鱼眼睛冒充珍珠。比喻用假的冒充真的。
珠联璧合	璧：平圆形中间有孔的玉。珍珠联串在一起，美玉结合在一块。比喻杰出的人才或美好的事物结合在一起。
和盘托出	和：连词。连盘子也端出来了。比喻全部都讲出来，毫不保留。

成语接龙答案

13. 力不从心
14. 方兴未艾
15. 名正言顺
16. 鱼目混珠

思维转转弯答案

高、攀、凤、角

随、流、古、来

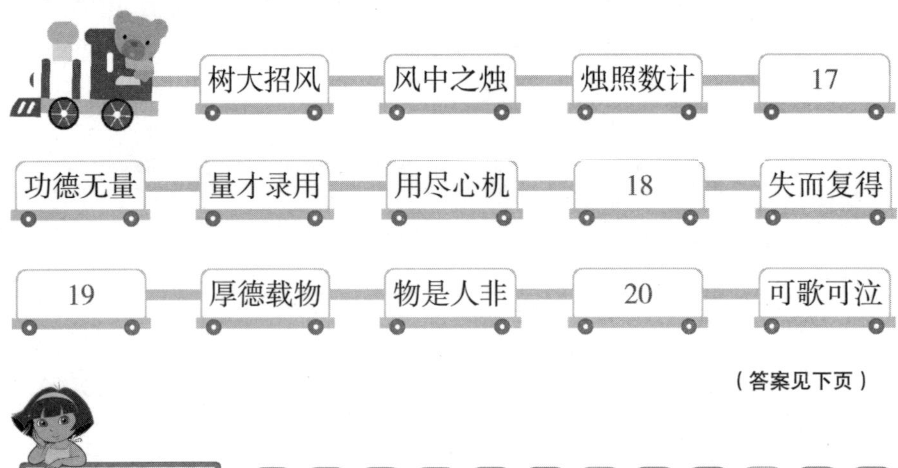

（答案见下页）

思维转转弯

雪 上 加 □ 露 之 □ 绪 万 □ 变 万
□
险
为
夷

不 识 丁
□
悦 心 □ 行 功 □ 阔 谈 □ 风 黑 月

（答案见下页）

成语解释

树大招风	树大了更容易受风打击。比喻目标大了引人注意；容易招惹是非。也比喻人出了名或有了钱财就容易惹人注意，引起麻烦。
风中之烛	在风里晃动的烛光。比喻随时可能死亡的老年人。也比喻随时可能消灭的事物。
烛照数计	用烛照着，按数计算。比喻料事准确。
计日程功	工作进度或成效可以按日计算。形容进展快，成功指日可待。

功德无量	功德，功业和德行；无量，无法计算。旧时指功劳恩德非常大。现多用来称赞人的功劳、恩德或做有益于别人的事情。佛教语，指功劳恩德非常大。
量才录用	量：估量，衡量；录用：收录任用。根据才能大小安排一定工作。
用尽心机	心机：心思。指想方设法、挖空心思，以达到某种目的。
机不可失	机：时机；失：错过。时机难求，不可错过。
失而复得	复：又。指失去后又再次得到。
得天独厚	天：天然条件；厚：优厚。得到天然的特别优厚的待遇。指人的秉赋等特别优异或所处的环境特别优越。
厚德载物	物：指万物。指道德高尚的人能够承担重大的任务。
物是人非	指景物依旧，但人事已变。
非同小可	小：平常。指人或事物的学问和本领不同寻常。
可歌可泣	泣：流泪，不出声地哭。值得歌颂赞美，使人感动流泪。形容事迹英勇悲壮，感人极深。

成语接龙答案

17. 计日程功
18. 机不可失
19. 得天独厚
20. 非同小可

思维转转弯答案

霜、思、千、化
高、论、赏、目

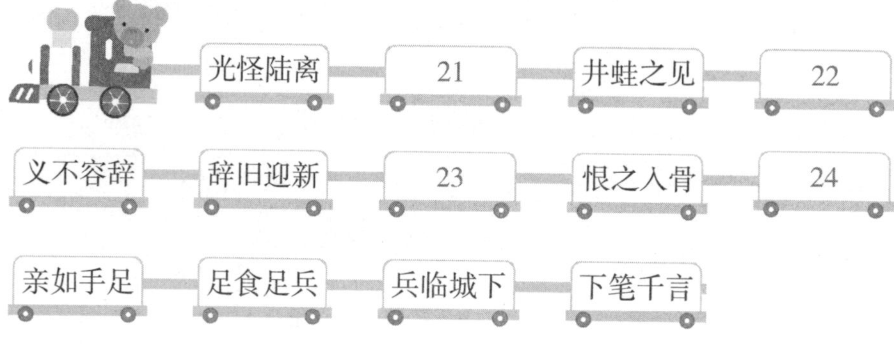

（答案见下页）

思维转转弯

赤 胆 忠 □ 平 气 □ 风 细 □ 过 天

□

天

霹

雳

离 子 散

□

之 糠 □ 八 七 □ 已 寸 □ 万 态 仪

（答案见下页）

光怪陆离	形容形态奇怪，色彩繁杂。也形容事物离奇多变。
离乡背井	井：古代八家为一井，引申为旧居。离开家乡去外地。
井底之见	井蛙：井底的青蛙，比喻见识短浅的人。比喻狭隘的见解。

见利忘义	见到有利可图，就忘掉了正义。
义不容辞	道义上不容推辞。指理应接受。
辞旧迎新	辞：辞别。辞别旧岁，迎接新年。
新愁旧恨	新添的烦闷和原来的惆怅。
恨之入骨	恨到骨头里去了。形容对人痛恨到极点。
骨肉至亲	指有血缘关系的亲人。
亲如手足	手足：比喻兄弟。原比喻兄弟之间的亲密情谊。现形容关系非常亲密，就像亲兄弟一样。
足食足兵	兵：这里指军备。粮食、军备都很充足。
兵临城下	临：到。敌军已到城下，形容情况紧急。
下笔千言	千言：话语多。形容文思敏捷。

成语接龙答案

21. 离乡背井
22. 见利忘义
23. 新愁旧恨
24. 骨肉至亲

思维转转弯答案

心、和、雨、晴
方、乱、糟、妻

成语接龙

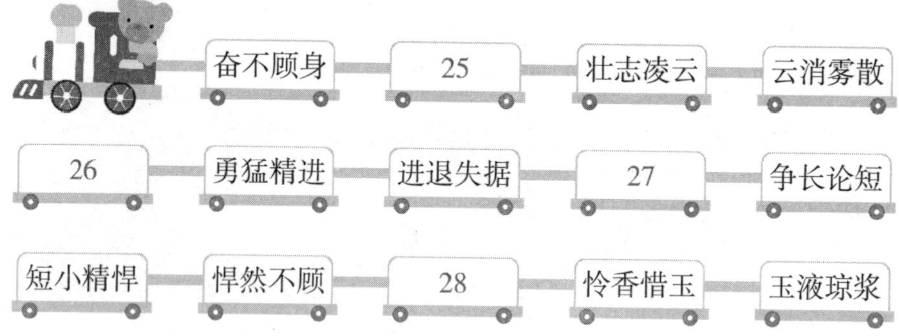

（答案见下页）

思维转转弯

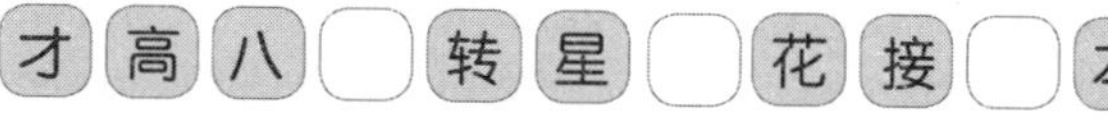

□ 远 流 长

情 假 意 □

玄 弄 □ 无 白 □ 升 舞 □ 当 洒 对

（答案见下页）

成语解释

奋不顾身	奋：振作。振作起来奋勇直前，不顾自身安危。
身强力壮	形容身体强壮有力。
壮志凌云	壮志：宏大的志愿；凌云：直上云霄。形容理想宏伟远大。
云消雾散	比喻一切都成了过去。

散兵游勇	勇：清代指战争期间临时招募的士兵。原指没有统帅的逃散士兵。现又指没有组织的集体队伍里独自行动的人。
勇猛精进	本为佛教语，指奋勉修行。现多指刻苦修习，猛进不已。
进退失据	据：依据，凭据。前进和后退都失去了依据。形容无处容身。也指进退两难。
据理力争	依据道理，竭力维护自己方面的权益、观点等。
争长论短	长、短：指是与非。争论谁是谁非。多指在不大重要的事情上过于斤斤计较。
短小精悍	悍：勇敢。形容人身躯短小，精明强悍。也形容文章或发言简短而有力。
悍然不顾	悍然：凶残蛮横的样子。凶暴蛮横，不顾一切。
顾影自怜	顾：看；怜：怜惜。回头看看自己的影子，怜惜起自己来。形容孤独失意的样子，也指自我欣赏。
怜香惜玉	怜、惜：爱怜；香、玉：一般代指女子。比喻男子对所爱女子的照顾体贴。
玉液琼浆	琼：美玉。用美玉制成的浆液，古代传说饮了它可以成仙。比喻美酒或甘美的浆汁。

成语接龙答案

25. 身强力壮
26. 散兵游勇
27. 据理力争
28. 顾影自怜

思维转转弯答案

斗、移、木、源

歌、平、故、虚

成语接龙

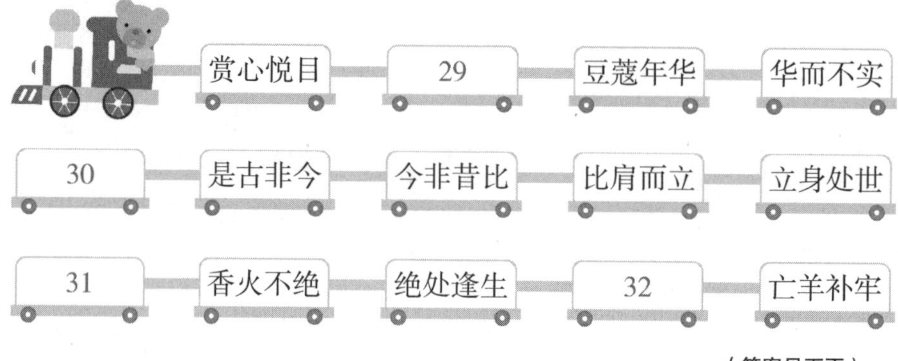

（答案见下页）

思维转转弯

直 截 了 □ 务 之 □ 于 求 □ 千 成

□

里

长

城

釜 沉 舟

□

可 不 □ 补 羊 □ 实 存 □ 无 上 榜

（答案见下页）

成语解释

赏心悦目	悦目：看了舒服。指看到美好的景色而心情愉快。
目光如豆	眼光像豆子那样小。形容目光短浅，缺乏远见。
豆蔻年华	豆蔻：多年生草本植物，初夏时开淡黄色花。指十三四岁的少女。

华而不实	比喻外表好看，内容空虚。也指表面上很有学问，实际腹中空空的人。
实事求是	从实际情况出发，不夸大，不缩小，正确地对待和处理问题，求得正确的结论。
是古非今	指不加分析地肯定古代的，否认现代的。
今非昔比	现在不是过去所能比得了的。形容变化很大。
比肩而立	肩靠着肩地站立。比喻距离很近。
立身处世	立身：指自立成人，置身于社会中。在社会上自立，与世人交往相处。
世代书香	书香：读书。比喻每代人都是读书人。
香火不绝	指信神者所供奉的香火永不断绝。
绝处逢生	在毫无出路的情况下得到生路。
生死存亡	比喻情势极其危急，到了最后关头。
亡羊补牢	亡：丢失；牢：关牲口的圈。丢失了羊，就要修补羊圈。现比喻出了差错，要及时补救。

成语接龙答案

29. 目光如豆
30. 实事求是
31. 世代书香
32. 生死存亡

思维转转弯答案

当、急、成、万

名、亡、牢、破

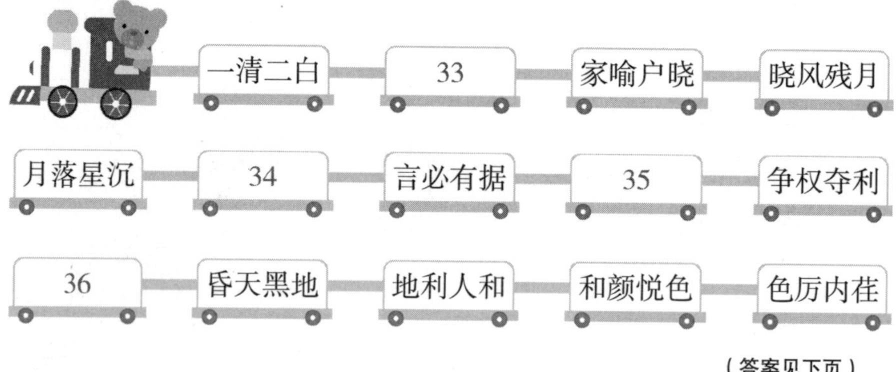

（答案见下页）

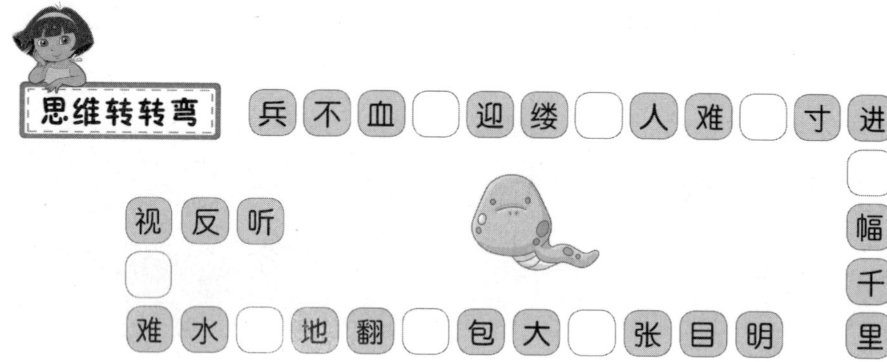

（答案见下页）

成语解释

一清二白	清：清晰，明白。指清白没有污点。也指清楚明白。
白手起家	空手建立家业。形容在原来没有基础或条件很差的情况下创立起一番事业。
家喻户晓	喻：明白，了解；晓：知道。每家每户都明白，知道。

晓风残月	晓：拂晓。形容清晨凄凉冷落的意境。常用来抒发离别之情。也指代词曲或婉约派诗词的风格。
月落星沉	月亮落下去了，星光黯淡。形容天色将明时的景象。
沉默寡言	寡：很少。话说的很少，默默不语。
言必有据	据：根据。所说的一定要有根据。
据理力争	据理：依据正确的道理。根据真理，尽力争辩。
争权夺利	争夺权力和利益。
利令智昏	利：私利；智：理智。因贪图利而丧失理智，不辨是非。
昏天黑地	指天地之间一片黑暗。形容天色昏暗不明。
地利人和	地利：在地理上占据有利地形；人和：上下团结一致。地形上有利，人心又齐。指地理理条件和群众基础都好。
和颜悦色	颜：颜面、面容；悦：高兴、愉快。形容态度温和，面露喜悦。
色厉内荏	色：神色，样子；历：凶猛；荏：软弱。外表强硬，内心虚怯。

成语接龙答案

33. 白手起家
34. 沉默寡言
35. 据理力争
36. 利令智昏

思维转转弯答案

刃、解、得、尺
胆、天、覆、收

第二章

歇后语对对碰

歇后语

1	八仙过海		泥菩萨过江	2
3	蚕豆开花		孔夫子搬家	4
5	打破砂锅		和尚打伞	6
7	虎落平阳		画蛇添足	8
9	箭在弦上		井底青蛙	10
11	大海捞针		竹篮打水	12
13	打开天窗		船到桥头	14
15	飞蛾扑火		百米赛跑	16
17	拔苗助长		仇人相见	18

（答案见下页）

思维转转弯

下面的歇后语不止有一个意义喔，多想一想吧！

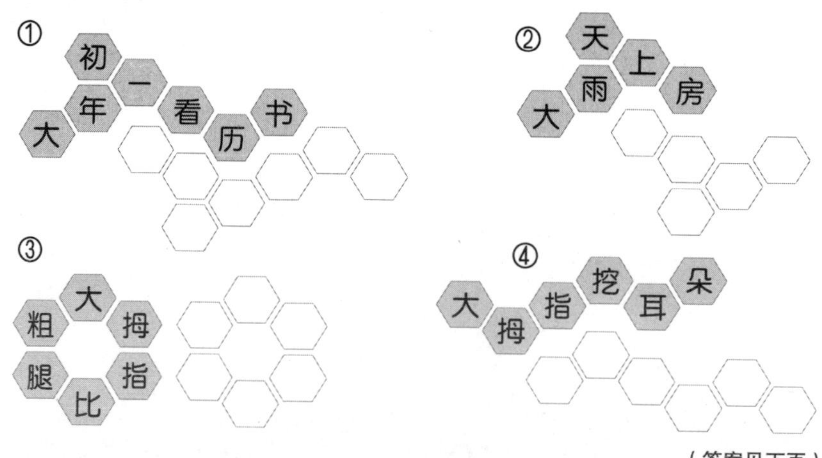

（答案见下页）

19	芝麻开花	新官上任	20
21	瞎子点灯	兔子尾巴	22
23	偷鸡不成	王婆卖瓜	24
25	老虎屁股	老虎拉车	26
27	老鼠过街	麻雀虽小	28
29	墙上茅草	三十六计	30
31	塞翁失马	韩信点兵	32
33	丈二和尚	有借有还	34
35	猫哭耗子	上鞋不用锥子	36

（答案见本页）

歇后语答案

1. 各显神通	2. 自身难保	3. 黑心	4. 净是输（书）
5. 问到底	6. 无法无天	7. 被犬欺	8. 多此一举
9. 不得不发	10. 目光短浅	11. 没处寻	12. 一场空
13. 说亮话	14. 自会直	15. 自取灭亡	16. 分秒必争
17. 急于求成	18. 分外眼红	19. 节节高	20. 三把火
21. 白费蜡	22. 长不了	23. 蚀把米	24. 自卖自夸
25. 摸不得	26. 谁敢（赶）啊	27. 人人喊打	28. 五脏俱全
29. 随风两边倒	30. 走为上计	31. 焉知非福	32. 多多益善
33. 摸不着头脑	34. 再借不难	35. 假慈悲	36. 真（针）行

思维转转弯答案

①日子长着呢、从头数 ②找漏洞、实难高攀
③上下有别、相差太多 ④下不去眼、用材不当

37 扁担挑水

38 对牛弹琴

39 八仙聚会

40 霸王敬酒

41 板上钉钉

42 背鼓上门

43 草把做灯

44 竹笋出土

45 菜刀切豆腐

46 钉头碰钉子

47 高山上敲鼓

48 狗咬吕洞宾

49 关公走麦城

50 铁打的公鸡

51 鸡蛋碰石头

52 姜太公钓鱼

53 脚踏西瓜皮

54 十五个吊桶打水

（答案见下页）

思维转转弯 下面的歇后语不止有一个意义喔，多想一想吧！

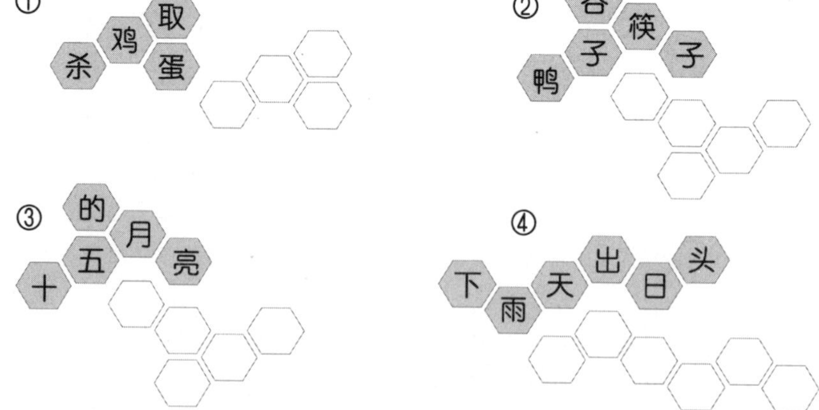

（答案见下页）

知识加油站

空城计

三国时期，司马懿率大军向诸葛亮所在的西城攻来。当时，城中空虚，并无大将镇守，司马懿攻来的消息，让众人皆惊慌失措，唯有诸葛亮依然镇定自若。

诸葛亮下令将所有的旗帜都藏起来，又命士兵打开四个城门。诸葛亮穿戴整齐后，坐在城楼上抚琴。司马懿的部队兵临城下，怕其中有诈，都不敢轻入城中，便急忙回禀司马懿。司马懿便亲自前去观看，看见西城如此气势，也惊疑不定起来。他的儿子司马昭说道："莫非是诸葛亮家中无兵，在故弄玄虚？"司马懿道："诸葛亮一生谨慎，不曾冒险。现在城门大开，里面必有埋伏，我军如果进去，正好中了他的计，还是撤退吧！"于是，司马懿便领军撤退了，西城之危也解除了。

歇后语答案

37. 心挂两头	38. 白费劲	39. 神聊	40. 不干也得干
41. 跑不了	42. 讨打	43. 粗心（芯）	44. 节节高
45. 两面光	46. 硬碰硬	47. 四面闻名（鸣）	48. 不识好人心
49. 骄必败	50. 一毛不拔	51. 不自量力	52. 愿者上钩
53. 滑到哪里是哪里	54. 七上八下		

思维转转弯答案

①不计后果、伤了老本

②直脖、转不过弯

③圆满、正大光明、年年一个样

④阴一半，阳一半、假情（晴）

55 老鼠钻风箱 ______

56 留得青山在 ______

57 门缝里看人 ______

58 不名则已 ______

59 泼出去的水 ______

60 骑驴看唱本 ______

61 千里送鹅毛 ______

62 肉包子打狗 ______

63 山中无老虎 ______

64 司马昭之心 ______

65 外甥打灯笼 ______

66 王八吃秤砣 ______

67 歪嘴讲故事 ______

68 小葱拌豆腐 ______

69 小和尚念经 ______

70 周瑜打黄盖 ______

71 赶鸭子上架 ______

72 擀面杖吹火 ______

（答案见下页）

思维转转弯 下面的歇后语不止有一个意义喔，多想一想吧！

①

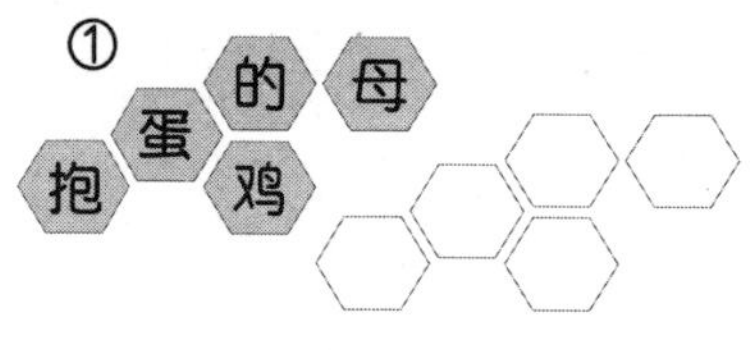

②

③

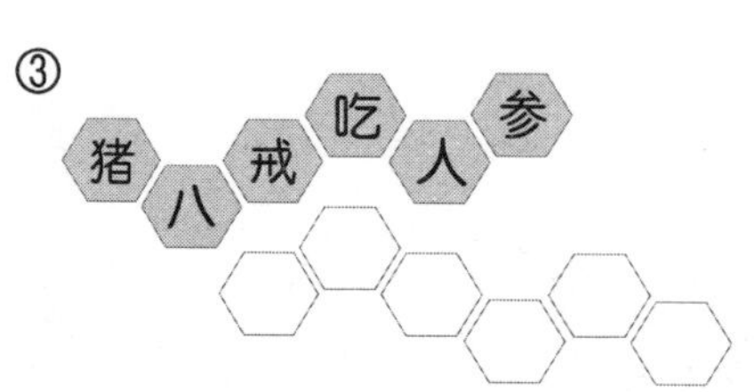

④

无 头 苍 蝇

（答案见下页）

73	瞎子戴眼镜	猴子捞月亮	74
75	秀才遇到兵	三个臭皮匠	76
77	木 匠 带 枷	和尚训道士	78
79	过年娶媳妇	聋子见哑巴	80
81	铜钣上钉铆钉	胡同里扛竹竿	82
83	苦水里泡黄连	我解缆，你推船	84
85	猪鼻子里插葱	高个子穿短裤	86
87	猪八戒照镜子	放风筝断了线	88
89	池塘里的风波	谈心不点灯	90

（答案见本页）

歇后语答案

55. 两头受气	56. 不怕没柴烧	57. 把人看扁了	58. 一鸣惊人
59. 收不回	60. 走着瞧	61. 礼轻情意重	62. 有去无回
63. 猴子称大王	64. 路人皆知	65. 照旧（舅）	66. 铁了心
67. 邪（斜）说	68. 一清二白	69. 有口无心	70. 一个愿打，一个愿挨
71. 强人所难	72. 一窍不通	73. 装饰	74. 空忙一场
75. 有理讲不清	76. 顶个诸葛亮	77. 自作自受	78. 管得宽
79. 双喜临门	80. 不闻不问	81. 一是一，二是二	82. 直来直去
83. 苦上加苦	84. 顺水人情	85. 装象	86. 不般配
87. 里外不是人	88. 没指望了	89. 大不了	90. 说黑话

思维转转弯答案

①又趴窝了、无名（鸣）之辈 ②没有闲（咸）的时候、一言（盐）难尽（进） ③食而不知其味、囫囵吞下 ④瞎撞、团团转

91	顶风顶水划船		螃蟹过街	92
93	东洋人戴高帽		到火神庙求雨	94
95	程咬金的斧头		老太太吃汤圆	96
97	二十一天不出鸡		挂羊头卖狗肉	98
99	扯着胡子过河		唱歌不看曲本	100
101	泰山顶上观日出		提着灯笼砍柴	102
103	提着马灯下矿井		跳上舞台凑热闹	104
105	推小车上台阶		大姑娘坐轿	106
107	借了一角还十分		冰糖煮黄连	108

（答案见下页）

下面的歇后语不止有一个意义喔，多想一想吧！

（答案见下页）

知识加油站

败走麦城

孙权与曹操通了书信，决定合力攻打荆州。并将攻打荆州的任务交给了大将吕蒙。吕蒙见荆州城防森严，又有大将关羽坐镇，根本无力夺城。吕蒙便与陆逊合谋，施计让关羽轻敌，使荆州城防松懈，然后趁关羽不在荆州的时机，破了荆州城。关羽得此消息后，便与曹操罢战，撤兵回援，一路断杀向荆州前进。走到一个山谷，他被吴军包围了。关羽身临绝境，东吴就派遣了诸葛瑾前来劝降，但关羽却宁死不屈，认为："若是城破，最多也就是一死。玉可碎而不可改其白，竹可焚而不可毁其节。我身虽死，却可名垂丹青，我定与孙权死战到底！"诸葛瑾再三劝诱，仍然不能改变关羽的决心。不过，东吴大兵压进，势不可挡，最终关羽无奈只能退走麦城，可惜依然被吕蒙施计擒获。孙权仰慕关羽的才德，再次劝他投降，却遭到关羽的辱骂。孙权犹豫再三，才命人将关羽父子斩杀。

歇后语答案

91. 硬撑
92. 横行霸道
93. 假充大个儿
94. 找错了门
95. 就这三下子
96. 囫囵吞
97. 坏蛋
98. 有名无实
99. 谦虚（牵须）过度（渡）
100. 离谱
101. 高瞻远瞩
102. 明砍
103. 步步深入
104. 逢场作戏
105. 一步一个坎
106. 头一回
107. 分文不差
108. 同甘共苦

思维转转弯答案

①不牢靠、长不了、脚下不牢
②走一路，臭一路、没有好东西，臭折腾
③不自量力、不堪一击、自己找亏吃
④吹不得也拍不得、洗不净、没法收拾

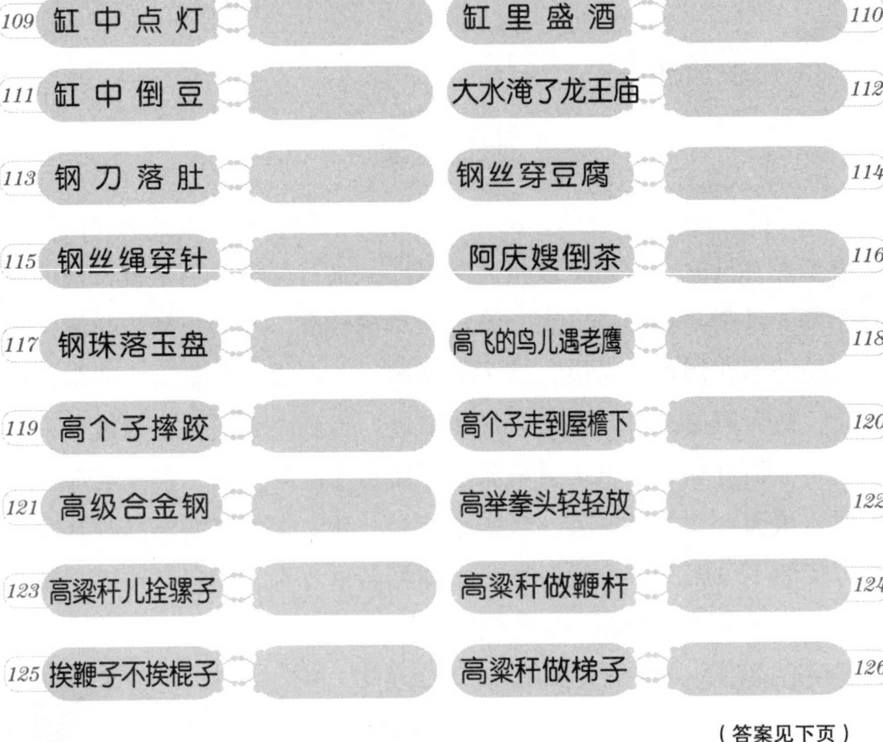

（答案见下页）

思维转转弯 下面的歇后语不止有一个意义喔，多想一想吧！

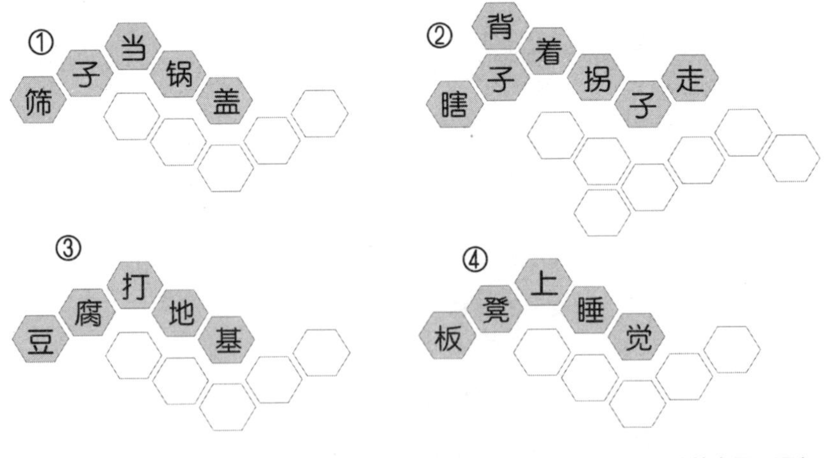

（答案见下页）

127 好泥巴打好灶		扒了墙的庙		128
129 黄鼠狼给鸡拜年		挨打的狗去咬鸡		130
131 脚踩两只船		九曲桥上散步		132
133 开封府的包公		挨刀的鸭子		134
135 孔夫子的砚台		拔了毛的凤凰		136
137 斑鸠抱窝		背后拉弓		138
139 老太婆开了口		聋子的耳朵		140
141 卢沟桥上的狮子		鲁智深出家		142
143 城外开钱庄		百货大楼卖西装		144

（答案见本页）

歇后语答案

109. 照理不照外	110. 不在乎（壶）	111. 不藏不掖	112. 不认自家人
113. 割心肠	114. 没法提；提不得；别提了	115. 难通过；通不过	116. 滴水不漏
117. 当当响；响当当	118. 凶多吉少	119. 差（叉）得远	120. 不得不低头
121. 过得硬；够硬	122. 手下留情	123. 拉倒	124. 经不起摔打
125. 吃软不吃硬	126. 上不去	127. 好心讨不到好报	128. 慌了神
129. 没安好心	130. 拿别人出气	131. 摇摆不定	132. 走弯路
133. 铁面无私	134. 乱窜	135. 黑心	136. 不如鸡
137. 悬蛋	138. 暗箭伤人	139. 一望无涯（牙）	140. 摆设
141. 数不清	142. 无牵无挂	143. 外行	144. 一套一套的

思维转转弯答案

①眼儿不小、憋不住气、总是冒气

②由你指点、各尽能力、合作有方

③根基太软、底子软 ④往宽绰想、好梦不长

145 百货店里卖鞋袜 | 百斤担子加铁砣 146

147 砌墙的砖头 | 百灵戏牡丹 148

149 属生姜的 | 百年松树，五月芭蕉 150

151 四两棉花 | 寺里起火 152

153 孙大圣听了紧箍咒 | 天文台上的望远镜 154

155 头顶生疮，脚底流脓 | 板凳上钻窟窿 156

157 下雪天穿裙子 | 百岁公公吹火 158

159 鼻孔喝水 | 哑巴打官司 160

161 一顿能吃三升米 | 岳飞背刺字 162

163 早开的红梅 | 船头上跑马 164

（答案见下页）

思维转转弯 下面的歇后语不止有一个意义喔，多想一想吧！

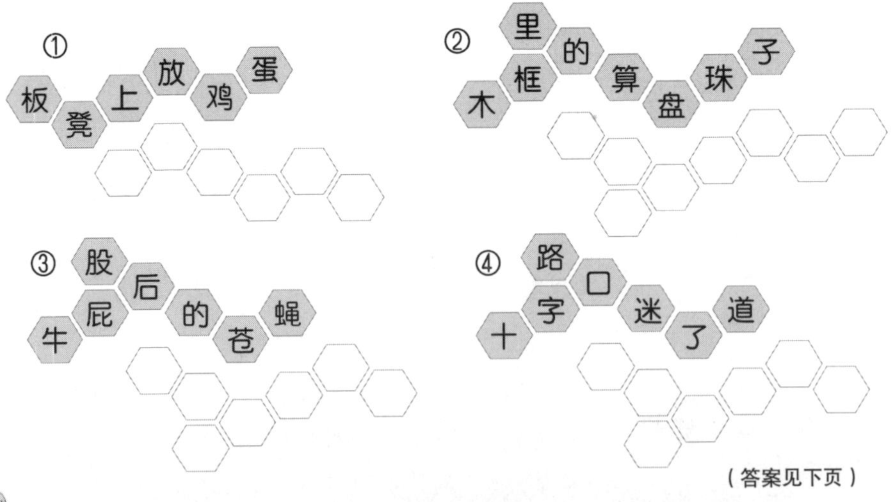

（答案见下页）

165 半个铜钱 ______ | 百万雄师下江南 ______ 166

167 百丈高竿挂红灯 ______ | 坐飞机吹喇叭 ______ 168

169 浪子回头 ______ | 曹操用人 ______ 170

171 黄忠叫阵 ______ | 草船借箭 ______ 172

173 张飞睡觉 ______ | 黄忠射箭 ______ 174

175 张飞讨债 ______ | 败将收残兵 ______ 176

177 孙权杀关羽 ______ | 董卓进京 ______ 178

179 马谡用兵 ______ | 曹操下江南 ______ 180

181 张飞上阵 ______ | 阿斗当官 ______ 182

（答案见本页）

歇后语答案

145. 各有尺码　146. 重任在肩　147. 后来居上　148. 鸟语花香
149. 越老越辣　150. 粗枝大叶　151. 免谈（弹）　152. 妙（庙）哉（灾）
153. 头疼　154. 好高骛远　155. 坏透了　156. 有板有眼
157. 美丽动（冻）人　158. 老气　159. 够呛　160. 有口难言
161. 肚量大　162. 精忠报国　163. 一枝独秀　164. 走投无路
165. 不成方圆　166. 兴师动众　167. 红到顶了　168. 唱高调
169. 金不换　170. 唯才是举　171 不服老　172. 满载而归
173. 不闭眼　174. 百发百中　175. 声势凶　176. 重整旗鼓
177. 嫁祸于人　178. 来者不善　179. 言过其实　180. 来得凶，败得惨
181. 横冲直撞　182. 有名无实

思维转转弯答案

①好险、冒险、危险、靠不住、不可靠
②拨拨动动、任人摆弄
③一哄而散、盯（叮）上不放
④不分东西、晕头转向

183 张飞绣花

184 关羽赴宴

185 张飞卖秤锤

186 张飞戴口罩

187 阿斗的江山

188 刘备编草鞋

189 扳着炉子烤头发

190 赵子龙出兵

191 许褚斗马超

192 猛张飞舞刀

193 拜把子兄弟开茧店

194 白纸做的灯笼

195 拜年的嘴巴

196 刘备借荆州

197 徐庶进曹营

198 曹操下宛城

199 曹操遇马超

200 张飞吃豆芽

（答案见下页）

思维转转弯　下面的歇后语不止有一个意义喔，多想一想吧！

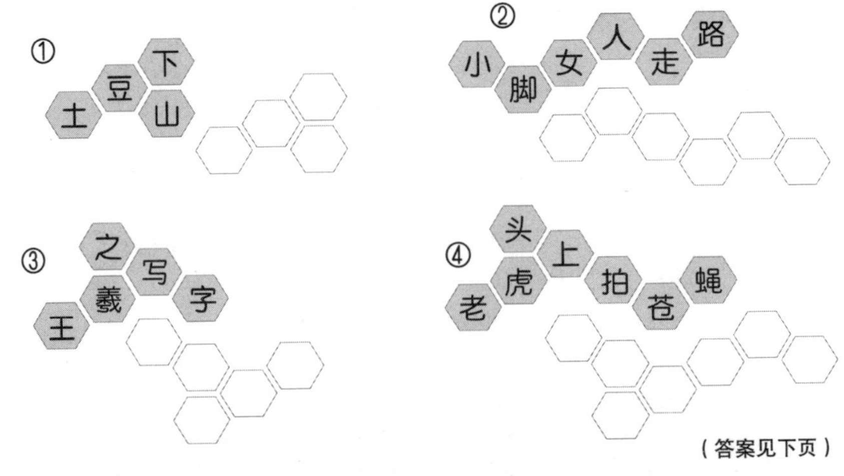

（答案见下页）

知识加油站

蒋干盗书

在赤壁之战前夕，曹操率百万大军南下，想要横扫东吴，一统天下。曹操谋臣蒋干曾是周瑜的同窗，于是他向曹操请命，要到东吴去做说客，劝周瑜投降，曹操满心欢喜，并亲自为蒋干送行。周瑜见蒋干来访，便明白了蒋干的来意，他虽然恼怒，但是心中却有了一条妙计。

周瑜和蒋干相见，寒暄畅饮之后，周瑜便邀蒋干同睡。趁周瑜醉酒熟睡之际，蒋干便开始偷看周瑜的公文。在公文里，蒋干发现了一封密信，是曹操的水军都督蔡瑁、张允写给周瑜的降书。蒋干看了之后，大吃一惊，慌忙把信藏起来，逃走了，见到曹操之后，蒋干就将密信递给了曹操。

其实这是周瑜借刀杀人的计策，他知道曹军中只有蔡、张二将精通水战，想借曹操之手除掉这两个最大的威胁。曹操果真上了大当，斩杀了蔡瑁和张允。等见到蔡瑁和张允的人头时，曹操才幡然醒悟，可是为时已晚。迫于无奈，曹操只好换了两名大将担任水军都督。结果，不善水战的曹军被东吴打得落花流水。

歇后语答案

183. 粗中有细　184. 有胆有魄　185. 人强货硬　186. 显大眼
187. 白送　188. 内行　189. 了（燎）不得　190. 回回胜
191. 赤膊上阵　192. 杀气腾腾　193. 结党营私（丝）　194. 一点就亮
195. 尽说好话　196. 有借无还　197. 一言不发　198. 大败而逃
199. 割须弃袍　200. 小菜一碟

思维转转弯答案

①滚蛋、至少剥下一层皮　②东摇西摆、慢吞吞
③入木三分、横竖都好　④好大胆子、自讨苦吃

201	半空的云彩		半空中的气球	202
203	半空中放爆竹		拔了毛的鸽子	204
205	把人赶到墙根下		把妖精当成菩萨	206
207	霸王别姬		白布做棉袄	208
209	白菜帮子		白菜烩豆腐	210
211	白菜叶子炒大葱		白骨精说人话	212
213	白开水画画		白了尾巴尖的狐狸	214
215	白毛乌鸦		白水下石膏	216
217	白水做饭		白仙鹤长了个秃尾巴	218

（答案见下页）

下面的歇后语不止有一个意义喔，多想一想吧！

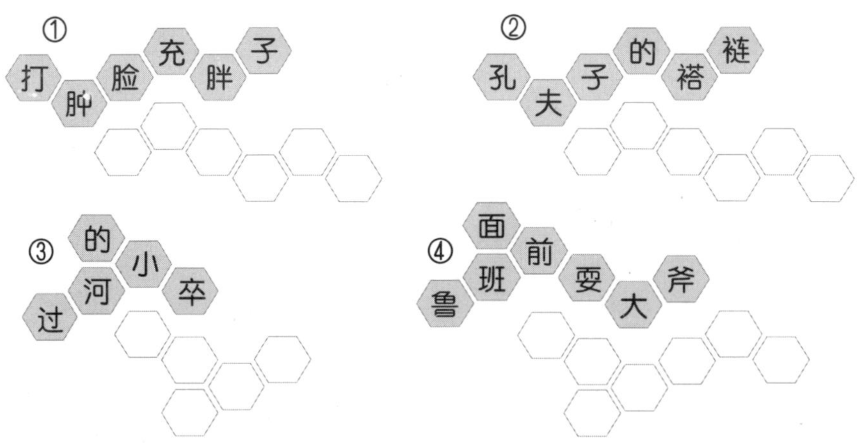

（答案见下页）

219	扳着指头算账	留的青山在		220
221	门缝里看人	厨子搬家		222
223	斑马的脑袋	道士念经		224
225	保险柜挂大锁	倒了五味瓶子		226
227	穿汗衫戴棉帽	穿不破的鞋		228
229	打油钱不买醋	出门坐飞机		230
231	船上打伞	白娘子斗法海		232

（答案见本页）

歇后语答案

201. 变化多端
202. 悬着哩
203. 想（响）得高
204. 飞不了
205. 走投无路
206. 善恶不分
207. 奈何不得；无可奈何
208. 反正都是理（里）
209. 好看不好吃
210. 谁也不沾谁的光
211. 亲（青）上加亲（青）
212. 妖言惑众
213. 轻（清）描淡写
214. 老奸巨猾
215. 与众不同
216. 成不了豆腐
217. 无米之炊
218. 美中不足
219. 有数
220. 不怕没柴烧
221. 把人看扁了
222. 另起炉灶
223. 头头是道
224. 照本宣科
225. 万无一失
226. 苦辣酸甜咸都有
227. 不知春秋
228. 底子好
229. 专款专用
230. 远走高飞
231. 斜说
232. 精打光

思维转转弯答案

①死要面子活受罪、做不了主
②书呆（袋）子、两头输（书）
③顶个车、横行无阻、有去无回
④不自量力、献丑、向老将挑战

233 瞎子拉琴
234 朝天放炮
235 种地不出苗
236 天落馒头
237 雪地画梅
238 狗打喷嚏
239 半道上捡个喇叭
240 堂屋里挂兽皮
241 猫儿攀倒甑
242 阎王出告示
243 破了皮的饺子
244 出门戴口罩
245 锄头刨黄连
246 老肥猪上屠

（答案见下页）

思维转转弯 下面的歇后语不止有一个意义喔，多想一想吧！

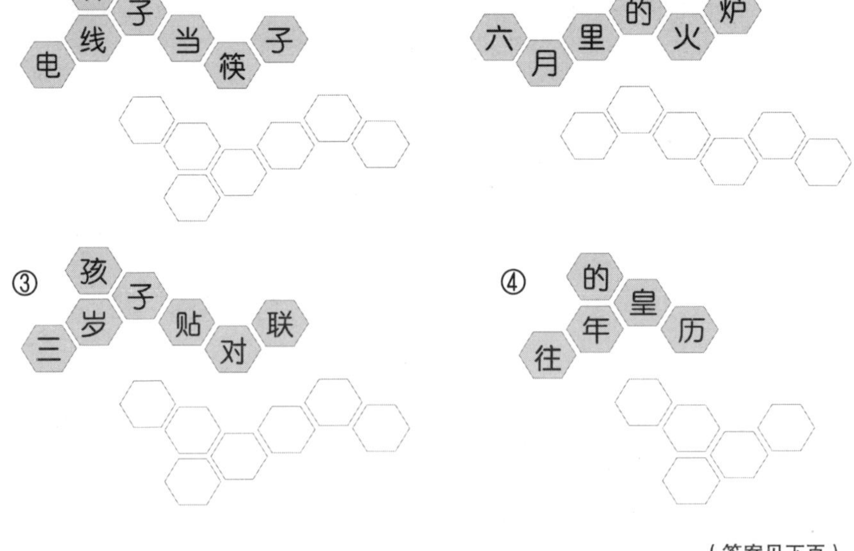

（答案见下页）

知识加油站

华容道

赤壁之战曹操战败后，诸葛亮神机妙算，算定曹操要走华容道逃跑，不过诸葛亮夜观星象，觉得曹操不会陨落，出于曹操曾与关羽有恩的考虑，就派遣关云长把守华容道，留人情给关羽。之后，曹操失败后果然从华容道逃跑，并在逃跑路途中大笑三次，嘲笑诸葛亮、周瑜智谋不足，没有在险要地设置伏兵。然而，在曹操一笑之后，就笑出了赵子龙，多亏徐晃、张郃二人挡住赵云，才使曹操顺利逃脱；二笑笑出了张翼德，又是张辽和徐晃两人救驾，曹操才化险为夷；第三次大笑之后，却笑出了关云长，在这一夫当关、万夫莫开的华容狭路上，曹操身边已无大将与关羽抗衡，曹操只得哀求关羽放行，关羽念旧日恩情，放了曹操，让曹操顺利逃脱，到了江陵。

歇后语答案

233. 瞎扯	234. 空（响）想	235. 坏种	236. 狗造化
237. 狗脚板	238. 三日晴	239. 有的吹了	240. 不像话（画）
241. 狗得福	242. 鬼话连篇	243. 露馅了	244. 嘴上一套
245. 挖苦	246. 挨刀的货		

思维转转弯答案

①没法下嘴、大材小用、支配不起

②谁想（向）你、远点待着、无人亲

③不知上下、高看不了、乱粘一气

④不中用、背时、已经翻过那篇了

第三章

数字谜语

数字谜语

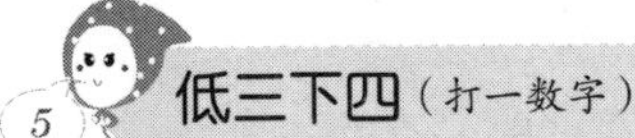

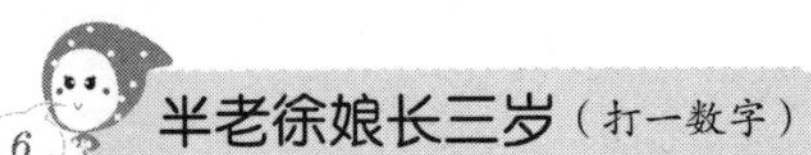

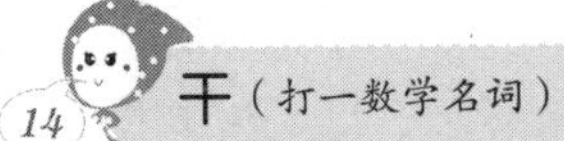

（答案见下页）

思维转转弯

① 

② 20+1+1（打一字）

③ 20+3+8（打一字）

④ 23+81（打一字）

⑤ 8000+1（打一字）

⑥ 10+10+10（打两个字）

（答案见下页）

（答案见本页）

数字谜语答案

1. 18。而立之年是指男子 30 岁，一轮为 12，在此基础上相减，即为 18。
2. 求和。请罪，请求别人的谅解，目的是为了使两人和好，所以谜底是求和。
3. 6。髫年是指女子 7 岁，在此基础上减去 1 岁，即为 6。
4. 28。碧玉年华是指女子 16 岁，一轮为 12，二者相加后即为 28。
5. 25。这个数字可以拆开来看，低三：低于 3，与它紧靠的数字是 2，下四，可理解为 4 下面紧接的数字是 5，整合起来，即为 25。
6. 33。古代女子 30 岁叫作“半老徐娘”，在此基础上增长 3 岁，即为 33。
7. 淮。“准”字加上一点就是“淮”字。
8. 土。一是形似阿拉伯数字“1”，二就是二，1 和二加在一起是土字。
9. 米。这个字的四个方向都可以看作是“木”，但是合起来是一个字。

10. 分母　11. 函数　12. 同解　13. 员　14. 相似于　15. 面积　16. 立体几何　17. 正弦　18. 商　19. 余弦　20. 二面角　21. 求证　22. 积　23. 方根　24. 真分数

思维转转弯答案

①开 ②弄 ③其 ④基 ⑤秆 ⑥卅、卉

25 二百两（打一字）

26 十尺汉子（打二字常用语）

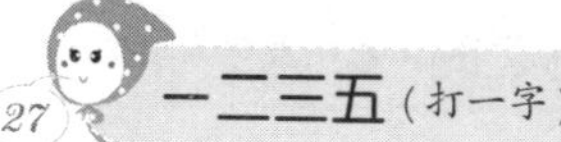
27 一二三五（打一字）

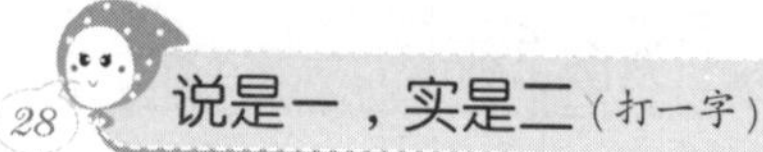
28 说是一，实是二（打一字）

29 加加减减得十八（打一字）

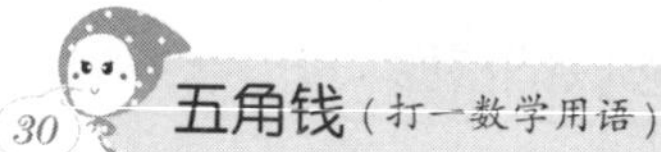
30 五角钱（打一数学用语）

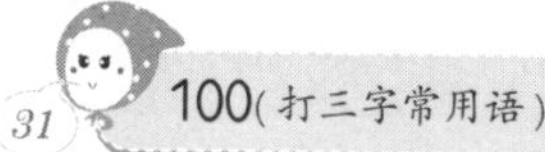
31 100（打三字常用语）

32 一个五分，五分一个（打一字）

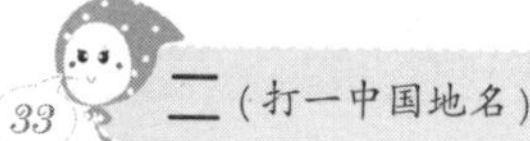
33 二（打一中国地名）

34 一来就猜中（打一字）

（答案见下页）

思维转转弯

① 72小时（打一字）

② 24小时（打一字）

③ (2×5+2×5)/(2×4)（打一字）

④ 1, 2, 5（打一成语）

⑤ 1×1（打一成语）

⑥ 3/4（打一成语）

（答案见下页）

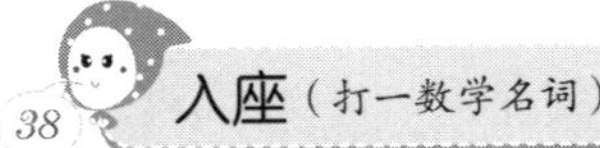

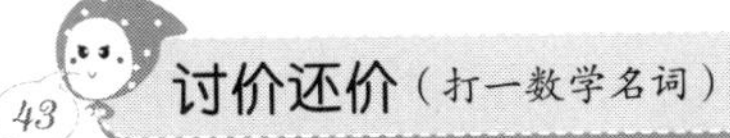

（答案见本页）

数字谜语答案

25. 芹。二百两＝二十斤，“芹”字由两个“十”和“斤”组成。在汉语中对人谦称所赠东西不好。亦称“献芹”。
26. 丈夫。“十尺”等于一“丈”，“汉子”扣“夫”。该常用语在古代又称相公、夫君，是男女婚姻中男性的一方。
27. 罢。谜面缺少“四”，因此可引申为“四”去，合起来就是“罢”字。
28. 乙。该字的发音是“yi”，其实排行第二，因此是“乙”字。
29. 桂。“桂”字由“十八”“+”“+”“–”“–”组成。
30. 半圆。五角钱等于一元钱的一半，因此谜底是“半圆”。
31. 孤零零。“1”单独一个，意为“孤”；“00”即“零零”，合在一起为“孤零零”。该词语常用来表示孤单、孤独、无依无靠。
32. 笔。两个“五分”合一起就是一“毛”，再添加两个“个”，组成“笔”字。
33. 云南省。“云”字“省”去南边还剩“二”。
34. 巾。该字添了“一”就成了“中”。

35. 祖冲之 36. 结合律 37. 对顶角 38. 进位 39. 内角
40. 百分数 41. 倒数 42. 对数 43. 商数 44. 直径

思维转转弯答案

①晶 ②旦或旧 ③共 ④丢三落四
⑤一成（乘）不变 ⑥颠三倒四

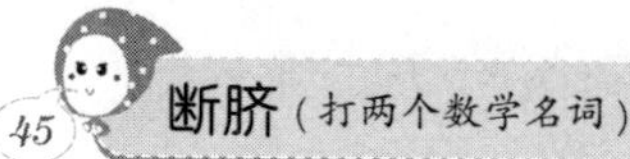

45 断脐（打两个数学名词）

46 土（打一数学名词）

47 逐次说明（打一数学名词）

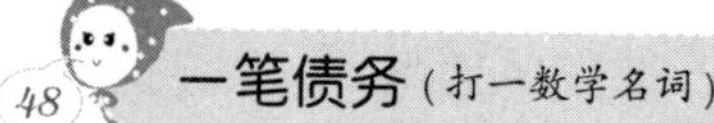

48 一笔债务（打一数学名词）

49 故园风光雨中新（打一数学家名）

50 一加一不是二（打一字）

51 人民的力量（打一数学名词）

52 八分之七（第一成语）

53 一一得一（打一数字）

54 二二得四（打一数学名词）

55 联合国宪章（打一数学名词）

56 一网打尽（打一数学名词）

57 加减乘（ 打一数学名词）

58 彼此诘难（打一个数学名词 ）

59 横看是只尺，竖看是很棒，年龄最最小，大哥他来当（打一数字）

60 像个蛋，不是蛋，说它圆，不大圆，说它没有它又有，成千上万连成串（打一数字）

（答案见下页）

思维转转弯

① 一虫＋八斤（打一字）

② 10 斤＋8 斤（打一字）

③ 10 斤＋10 斤（打一字）

④ 1 尺＋1 寸（打一字）

⑤ 一尺＋8 寸（打一字）

⑥ 500 里＋500 里（打两个字）

（答案见下页）

知识加油站

猜谜

过年了，乾隆皇帝兴致勃勃地去看花灯，一群文武大臣恭敬地陪在他身边。看完花灯，猜完灯谜，乾隆皇帝仍然觉得意犹未尽，便命令身边的大臣们每人出一道谜语助兴，谁猜中了就给谁赏赐。

此时，大学士纪晓岚也在乾隆身边，他思考片刻，就挥笔在花灯上写了一副对联：黑不是、白不是、红黄更不是，和狐狼猪狗仿佛，既非家禽，又非野兽；诗不是、词不是、论语也不是，对东西南北模糊，虽为短品，却是妙文。

乾隆皇帝和文武大臣们一个个抓耳挠腮，怎么也猜不出来，最后还是纪晓岚揭了谜底：猜谜。

数字谜语答案

45. 分子，分母	46. 等腰	47. 分解	48. 负数
49. 陈景润	50. 王	51. 无穷大	52. 七上八下
53. 三	54. 求和	55. 公约数	56. 整除
57. 除去	58. 互质	59. 数字“1”	60. 数字“0”

思维转转弯答案

①蜥 ②析 ③芹 ④寺 ⑤村 ⑥重

61 废律（打一数学名词）

62 大家发表意见（打一数学名词）

63 车轮大战（打一数学名词）

64 一分钱一分货（打一数学名词）

65 七天七夜（打一数学名词）

66 看谁力量大（打一数学名词）

67 五毛钱一趟（打一数学名词）

68 一直不来（打一数学名词）

69 不用再说（打一数学名词）

70 搬来数一数（打一数学名词）

71 隔河相答（打一数学名词）

72 再算一遍（打一数学名词）

73 招收演员（打一数学名词）

74 十八斤（打一数学名词）

75 有情人终成眷属（打一数学名词）

76 请人做事（打一数学名词）

77 大家的样子（打一数学名词）

78 用手算（打一数学名词）

79 左顾右盼（打一数学名词）

80 成绩是多少（打两个数学名词）

（答案见下页）

思维转转弯

① ？÷日=61（打一成语）

② （3 / 2）（打一成语）

③ 1+1 ≠ 2（打两个字）

④ 1000×10 = 10000（打一成语）

⑤ 4-1 ≠ 三（打一字）

⑥ 0+0 = 1（打一成语）

（答案见下页）

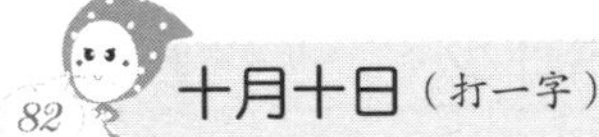

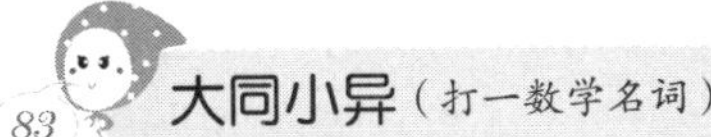

87 一支队伍长又长，有头无尾排成行，“.”的后面分小节，节节外表都一样（打一数学名词）

88 这个脑袋真正灵，忽闪忽闪眨眼睛，东南西北带着它，加减乘除不费劲（打一计算工具）

（答案见本页）

数字谜语答案

61. 除去	62. 商	63. 圆周角	64. 绝对值
65. 周长	66. 比例（力）	67. 一元二次	68. 恒等
69. 已知	70. 运算	71. 对应	72. 复数
73. 补角	74. 分析	75. 同心圆	76. 求作
77. 公式	78. 指数	79. 移项	80 分数、几何
81. 单据	82. 朝	83. 相似	84. 三
85. 误差	86. 开方	87. 无限循环小数	
88. 计算器			

思维转转弯答案

①成千上万 ②接二连三 ③王、丰
④三 ⑤匹 ⑥无中生有

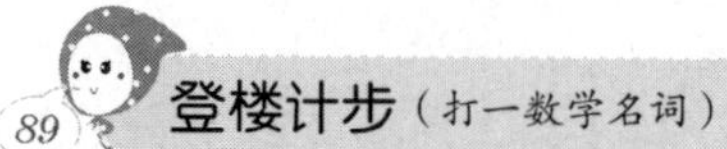
89 登楼计步（打一数学名词）

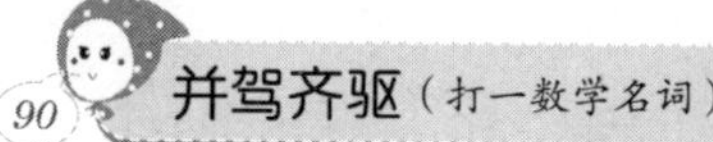
90 并驾齐驱（打一数学名词）

91 计算转动杆（打一数学名词）

92 不准确（打一数学名词）

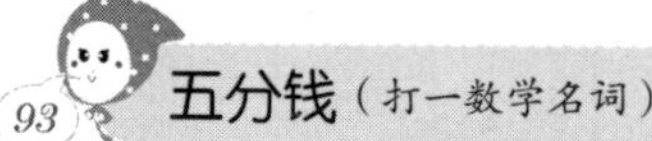
93 五分钱（打一数学名词）

94 待命（打一数学名词）

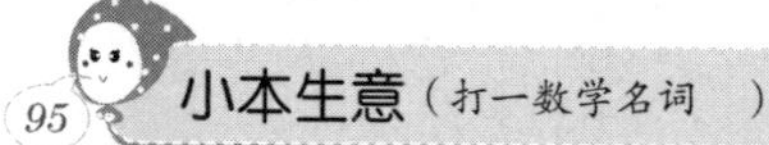
95 小本生意（打一数学名词）

96 祖父错了（打一数学名词）

97 大甩卖（打一数学名词）

98 剑穿楚霸王（打一数字名词）

99 从后面算起（打一数学名词）

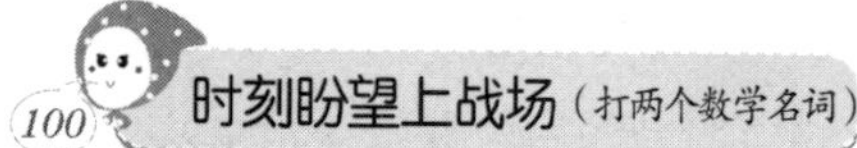
100 时刻盼望上战场（打两个数学名词）

101 33322（打一成语）

102 13579（打一成语）

103 一个邮递员掀起了信箱的盖子，在清点有多少信件（打三个数学名词）

（答案见下页）

思维转转弯

① 18+1≠十九（打两个字）

② 18+1+1≠廿（打一字）

③ 9寸+1寸=1尺（打一成语）

④ 20:20≠一（打一字）

⑤ 20-2≠木（打两个字）

⑥ 22÷2≠土、士、干（打一字）

（答案见下页）

知识加油站

分 牛

很久以前，有个农民有十七头牛。他年纪大了，在临终时，把三个儿子唤到床前，留下遗嘱：长子分二分之一，次子分三分之一，幼子分九分之一，但不能把牛杀掉。说罢老农就过世了。这可难坏了三兄弟，不知道如何分牛。

这时有个智者路过，三兄弟就找智者帮忙，他听完老农的遗嘱后，很快就帮助兄弟三人把牛分好了，兄弟三人都皆大欢喜。你知道这位智者是用什么办法帮三兄弟分牛的吗?

原来，这位智者牵出自己的一头牛，这样一共就有十八头了。长子二分之一分九头；次子三分之一分六头；幼子九分之一分二头；正好分去十七头，剩下一头是智者自己的。

数字谜语答案

89. 级数	90. 平行	91. 数轴	92. 误差
93. 半角	94. 等差	95. 微商	96. 公差
97. 绝对值	98. 通项	99. 倒数	100. 等角、正切
101. 三长两短	102. 天下无双	103. 开立方、函数、几何	

思维转转弯答案

①杜、杆 ②枉 ③得寸进尺 ④苹
⑤槎、十 ⑥墒

104 人有我大，天没有我大（打一字）

105 上在下，下在上，卡在中间（打一字）

106 天有地没有，工有农没有（打一字）

107 保留一半，放弃一半（打一字）

108 加一倍不少，加一横不好（打一字）

109 左边加一是一千，右边减一是一千（打一字）

110 看上十一口，看下二十口，猜出这个字，笑得难合口（打一字）

111 十个加十个，还是十个；十个减十个，还是十个（打一物）

112 一口能吞二泉三江四海五湖水，孤胆敢进十方百姓千家万户门（打一物）

113 用多少（打一数学名词）

114 同室操戈（打一数学名词）

（答案见下页）

思维转转弯

① 510（打一成语）

② 2468（打一成语）

③ 1000（打一成语）

④ 333555（打一成语）

⑤ 12345609（打一成语）

⑥ 3.5（打一成语）

（答案见下页）

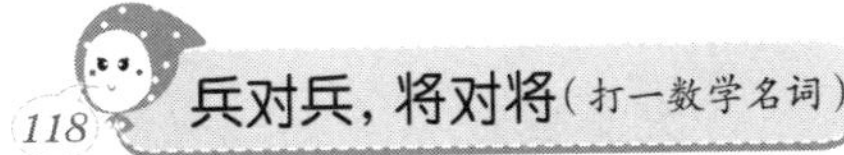

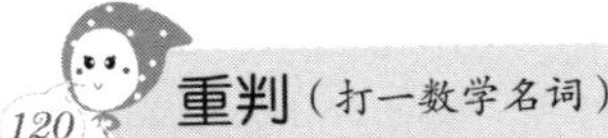

（答案见本页）

数字谜语答案

104. 一。“人有我大”，可以理解为人有了它就变大了；“天没有我大”，理解为天没有它也变大了。可见这个字是“一”。

105. “上”字里在下部的是一横，“下”字里在上部的也是一横，“卡”字里在中间的还是一横。所以谜底是“一”字。

106. 二。天字里有两横，地字里没有两横；工字里有两横，农字里没有两横。所以谜底是两横组成的“二”字。

107. 仿。把“保”字留下来一半，“放”字舍弃掉一半，剩下的两个一半拼在一起，能组成什么字呢？只能是“仿”字。谜底是仿。

108. 夕。不少就是多，多字的一半是夕字。一个夕字，加一倍，就是再来一个夕字，两个夕字堆起来，变成多字；一个夕字，加上一横，变成歹字，那就不好了。可见谜底是夕。

109. 任。从“千”字精简掉“一”字，剩下一撇一直，是一个单人旁，组成这个字的左边；在“千”字的基础上增加“一”字，变成“壬”字，组成这个字的右边。所以要猜的字是“任”。

110. 喜。“二十”简称为“廿”（读成“niàn”），手写时，通常只写一横带两短竖。要猜的这个字，上面顺次是十、一、口；下面顺次是廿、口。连起来看，是一个“喜”字。

111. 手套。戴手套的过程可以描写成“十个加十个，还是十个”。反过来，摘手套则可说成“十个减十个，还是十个”。要猜的这件物品是手套。

112. 保温瓶　113. 质数　114. 内角

115. 七。增白皂是一种肥皂，用它洗衣服可以使白色的更加洁白。什么字增添了“白”字上去就变成“皂”字呢？当然是“七”字了。可见谜底是七。

116. 白字。100 减一就是 99，同样百字去掉一就是白字了。

117. 不等　118. 同位角　119. 两面角　120. 加法　121. 减法　122. 乘法

思维转转弯答案

①一五一十　②无独有偶　③漏洞百出

④三五成群　⑤七零八落　⑥不三不四

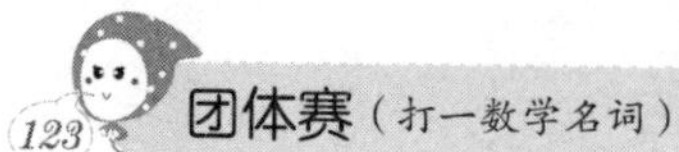
123 团体赛（打一数学名词）

124 刮胡子（打一数学名词）

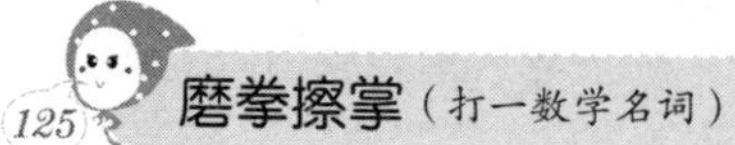
125 磨拳擦掌（打一数学名词）

126 谁押林冲去沧州（打一数学名词）

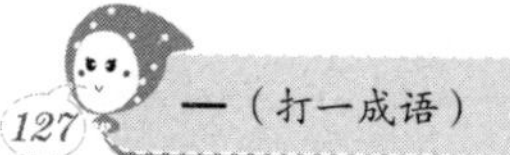
127 一（打一成语）

128 十百千（打一成语）

129 一二三四五六七九十（打一字）

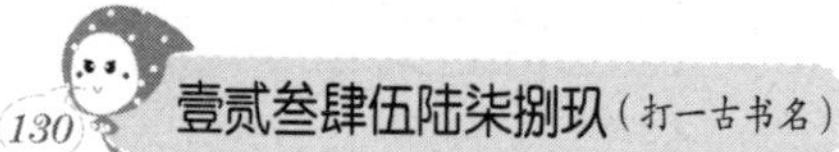
130 壹贰叁肆伍陆柒捌玖（打一古书名）

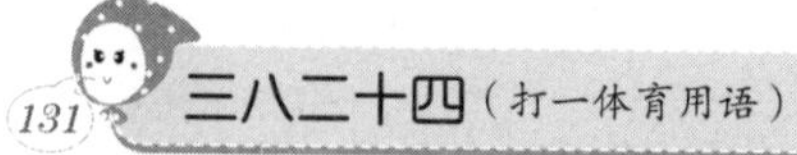
131 三八二十四（打一体育用语）

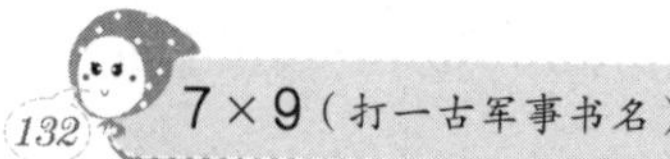
132 7×9（打一古军事书名）

133 x= 只 − 吾（打一工业用语）

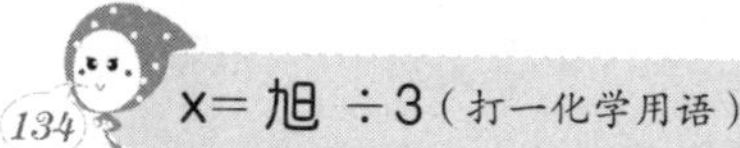
134 x= 旭 ÷3（打一化学用语）

135 东坡游春（打一数学家名）

136 1 / 100（打一成语）

137 123456（打一成语）

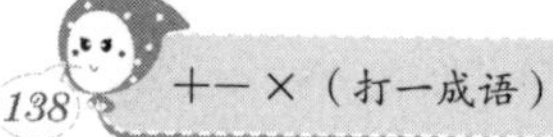
138 十一 ×（打一成语）

（答案见下页）

思维转转弯

① 23456789（打一成语）

② 33（打一成语）

③ 12345690（打一成语）

④ 0000（打一成语）

⑤ 99（打两个成语）

⑥ 518000（这是深圳的邮政编码，打一成语）

（答案见下页）

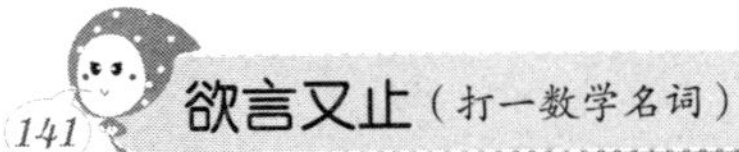

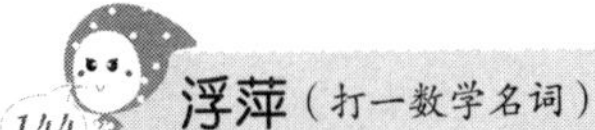

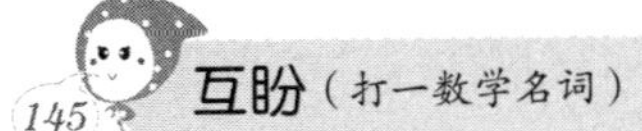

（答案见本页）

数字谜语答案

123. 公共角　　124. 平角（词性通假）　　125. 等角　　126. 解差
127. 独一无二　　128. 万无一失（没有“一”和“万”）
129. 口（谜面意为“只”少“八”）
130.《拾遗记》（意为忘记写“拾”）
131. 女子双打（双打即两打，一打为十二，两打为二十四）
132. 三十六计（7×9 计六十三，反序读之即得）
133. 成品（八口减五口为三口，三口即成“品”字）
134. 结晶（九日除以 3 得 3 日，结合为“晶”）
135. 苏步青　　136. 百里挑一　　137. 屈指可数　　138. 支离破碎
139. 约等于。晚上的月光下是一种朦胧的感觉。很难看清楚事物
140. 集合论　　141. 控制论　　142. 平行
143. 射线　　144. 不定根　　145. 相等

思维转转弯答案

①缺衣少食 ②靡靡之音 ③七零八落 ④万无一失 ⑤百里挑一、百无一是 ⑥深居简出

第四章

趣味百科

百科猜谜

1. 五个兄弟，住在一起，名字不同，高矮不齐。（打一人体器官）
2. 一个黑孩，从不开口，要是开口，掉出舌头。（打一食物）
3. 人脱衣服，它穿衣服，人脱帽子，它戴帽子。（打一用品）
4. 屋子方方，有门没窗，屋外热烘，屋里冰霜。（打一家电）
5. 两只小口袋，天天随身带，要是少一只，就把人笑坏。（打一用品）
6. 弟兄七八个，围着柱子坐，只要一分开，衣服就扯破。（打一食物）
7. 独木造高楼，没瓦没砖头，人在水下走，水在人上流。（打一用品）

（答案见下页）

思维转转弯

身着白衫子，
头顶红帽子，
走路摆架子，
说话亮嗓子。
（打一动物）

头戴大红冠，
身穿花衣裳，
清晨来唱歌，
叫人来起床。
（打一动物）

（答案见下页）

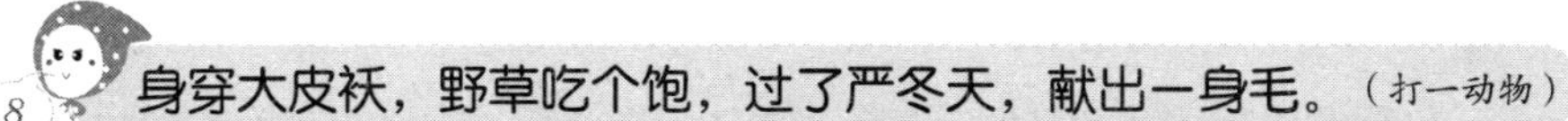

8 身穿大皮袄，野草吃个饱，过了严冬天，献出一身毛。（打一动物）

9 一个小姑娘，生在水中央，身穿粉红衫，坐在绿船上。（打一植物）

10 颜色白如雪，身子硬如铁，一日洗三遍，夜晚柜中歇。（打一用品）

11 有面没有口，有脚没有手，虽有四只脚，自己不会走。（打一用品）

12 白嫩小宝宝，洗澡吹泡泡，洗洗身体小，再洗不见了。（打一用品）

13 身穿绿衣裳，肚里水汪汪，生的儿子多，个个黑脸膛。（打一食物）

14 不怕细菌小，有它能看到，化验需要它，科研不可少。（打一科研用品）

（答案见本页）

百科猜谜答案

1. 手指	2. 瓜子	3. 衣帽架	4. 电冰箱
5. 袜子	6. 蒜	7. 雨伞	8. 绵羊
9. 荷花	10. 饭碗	11. 桌子	12. 香皂
13. 西瓜	14. 显微镜		

思维转转弯答案

鸭子；公鸡

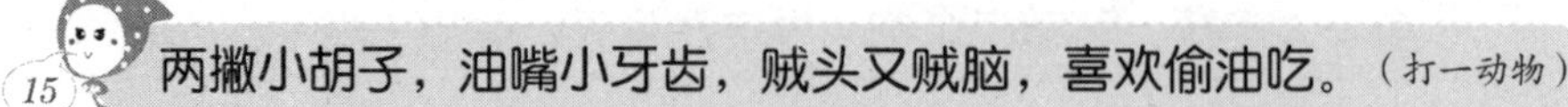

15 两撇小胡子，油嘴小牙齿，贼头又贼脑，喜欢偷油吃。（打一动物）

16 任劳又任怨，田里活猛干，生产万吨粮，只把草当饭。（打一动物）

17 性情躁烈暴，常披黄皮袄，山中称大王，我说那是猫。（打一动物）

18 长长耳朵短尾巴，红红眼睛白皮袄，走起路来蹦蹦跳，三瓣嘴巴吃青草。（打一动物）

19 腾云驾雾上青天，呼风唤雨在人间，长长胡须鹿茸角，身披鳞甲最闪耀。（打一动物）

20 坐也是卧，立也是卧，行也是卧，我也是卧。（打一动物）

（答案见下页）

思维转转弯

小小青灯笼，
枝头高高挂，
老来红彤彤，
皮肤皱巴巴。
（打一干果）

一棵树苗节节长，
天生不作柱和梁，
味道甜甜如蜂蜜，
不信砍下尝一尝。
（打一水果）

（答案见下页）

21 尾巴长长鬃毛飘，能拉车来爱奔跑，走起路来哒哒哒，帮助农民立功劳。（打一动物）

22 小小年纪，胡子一把，不论见谁，总是大喊妈妈。（打一动物）

23 长得像人又像狗，模仿人类有一手，调皮捣蛋爱吃桃，上树爬杆逗人笑。（打一动物）

24 顶上红冠戴，身披五彩衣，待到天亮时，呼得众人醒。（打一动物）

25 名字叫小花，喜欢摇尾巴，夜晚睡门口，小偷最怕它。（打一动物）

26 身体圆圆像水桶，嘴巴长长爱哼哼，闲来无事就睡觉，人们称它农家宝。（打一动物）

27 中间是火山，四边是大海。海里宝贝多，快快捞上来。（打一日常用品）

（答案见本页）

百科猜谜答案

15. 老鼠	16. 牛	17. 老虎	18. 兔子
19. 龙	20. 蛇	21. 马	22. 山羊
23. 猴子	24. 公鸡	25. 狗	26. 猪
27. 火锅			

思维转转弯答案 红枣；甘蔗

28 直直一条小红河，河水从来无浪波，天热水位就上涨，天冷必定往下落。（打一物）

29 身体长的细又长，天生美丽黑心肠，上平下尖纸上爬，越爬越短越心伤。（打一文具）

30 一个小黑人，跳进洗澡盆，越洗越不净，长人变短人。（打一文具）

31 一个老头，没手没脚，笑口常开，不跑不走，要他睡觉，他却摇头。（打一玩具）

32 一张大伞，飘在空中，落到地上，跳出英雄。（打一物）

33 小小诸葛亮，独坐军中帐，摆成八卦阵，专抓飞来将。（打一昆虫）

（答案见下页）

思维转转弯

一半青来一半白，
一半实来一半空，
一半长在地面上，
一半扎在土壤中。
（打一蔬菜）

红身体来绿头发，
身体藏在地底下，
头发飘在清风中，
又脆又甜味道佳。
（打一蔬菜）

（答案见下页）

十二生肖排列的由来

大家都知道，十二生肖的顺序是鼠、牛、虎、兔、龙、蛇、马、羊、猴、鸡、狗、猪，那么十二生肖的顺序是怎样排列的呢？为什么把老鼠排在第一位，而把猪放在末尾呢？关于十二生肖排列缘由的说法有很多，其中有这样一种说法。

十二生肖其实是按照这些动物足趾的奇偶来排列的。老鼠的足趾长得非常奇特，同一只老鼠脚趾却有单有双，没有适合的位置安放，所以就将它排在了第一位。之后的十一个生肖是按照这些动物足趾奇偶数字进行间隔排列：牛有四趾、虎有五趾、兔有四趾、龙有五趾、蛇没有趾（同偶）、马有一趾、羊有四趾、猴有五趾、鸡有四趾、狗有五趾、猪有四趾。

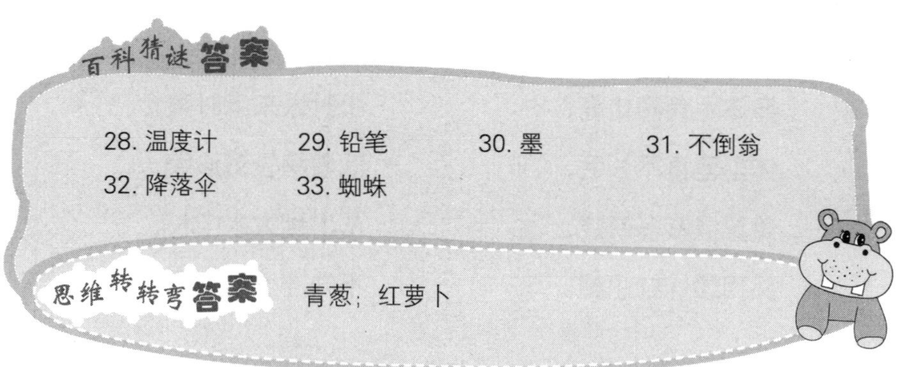

百科猜谜答案

28. 温度计　29. 铅笔　30. 墨　31. 不倒翁
32. 降落伞　33. 蜘蛛

思维转转弯答案　青葱；红萝卜

34 头带两根雄鸡毛，身穿一件绿衣袍，手握两把锯尺刀，小虫见了拼命逃。（打一昆虫）

35 一幅锦缎挂天边，夕阳映照真耀眼，姑娘见了白喜欢，不能剪来做衣衫。（打一自然现象）

36 五颜六色一张弓，高高挂在半空中，雷雨之后常常见，十冬腊月无影踪。（打一自然现象）

37 个子虽不大，浑身是武器，见敌缩成团，看你奈我何。（打一动物）

38 来自水中，却怕水冲，回到水里，无影无踪。（打一调味料）

39 姐妹一样长，出入都成双，酸甜苦辣味，她们总先尝。（打一生活用具）

40 头上青丝如针刺，皮肤厚裂像龟甲，越是寒冷越昂扬，一年四季精神好。（打一植物）

（答案见下页）

思维转转弯

身体足有两丈高，
体型笔直不长毛，
身穿绿衫多妖娆，
头顶珍珠红色帽。
（打一植物）

小时绿来老时黄，
低着脑袋藏珍宝，
从小到大水中长，
不为冲澡为泡脚。
（打一植物）

（答案见下页）

知识加油站

为什么天空中会出现彩虹？

夏天雨后，乌云飞散，太阳重新露头的时候，我们有时会发现，在太阳对面的天空中，会出现半圆形的彩虹。那么，天空中为什么会出现彩虹呢？

原来，彩虹是由于阳光射到空中的水滴里，发生反射与折射造成的。当太阳光通过三棱镜的时候，前进的方向的光线就会发生偏折，而且把原来的白色光线分解成红、橙、黄、绿、蓝、靛、紫七种颜色的光带，这就是我们所看到的彩虹了。

由于夏天常常下雷雨或阵雨，这些雨的范围不大，往往是这边天空在下雨，那边天空仍然闪耀着炽烈的阳光。雨过以后，天空中还飘浮着许多小水滴，当太阳光通过这些小水滴时，犹如遇到小小的三棱镜，经反射和折射作用，天空中就出现一条弧形的彩带。

百科猜谜答案

34. 螳螂　35. 彩霞　36. 彩虹　37. 刺猬
38. 盐　39. 筷子　40. 松树

思维转转弯答案

高粱；水稻

41 远瞧犹如岛一座，总有水柱向上喷，模样像鱼不是鱼，哺乳幼儿有一手。（打一动物）

42 纵横沙漠中，展翅飞不起，快走犹如飞，鸟中数第一。（打一动物）

43 活动地盘在墙壁，专门收拾飞蚊虫，尾断无碍会再生，医学名称是守宫。（打一动物）

44 一头怪牛，两条圆腿，骑他肚上，抓他双角。（打一交通工具）

45 新时白头发，旧时变成黑，闲时戴帽子，忙时把帽摘。（打一文具）

46 远看小洋楼，近看大馒头，人在地下走，水在上面流。（打一日常用具）

（答案见下页）

思维转转弯

小时能吃味道美，
老时能用身骨健，
虽不是钢筋铁骨，
浑身气节压不弯。

（打一植物）

一位姑娘志气高，
江南随处可见着，
春风帮它把辫梳，
水面当作镜子照。

（打一植物）

（答案见下页）

47 指着你的脸，按着你的心，通知你主人，赶快来开门。（打一电器）

48 不洗真干净，洗洗不干净，不洗有人吃，洗了无人用。（打一自然物质）

49 一个黄妈妈，一生手段辣，老来愈厉害，小孩最怕她。（打一植物）

50 脱下红黄衣，七八个兄弟，紧紧抱一起，酸甜各有味，大家都喜欢。（打一水果）

51 瘦长的身材，翠绿的皮肤，全身是疙瘩，丑了自己美了别人。（打一蔬菜）

52 像球样的圆，像血样的红，像珠样的亮，像蜜样的甜。（打一水果）

53 红门楼，白院墙，里面坐个胖儿郎。（打一器官）

（答案见本页）

百科猜谜答案

41. 鲸鱼	42. 鸵鸟	43. 壁虎	44. 自行车
45. 毛笔	46. 雨伞	47. 门铃	48. 水
49. 姜	50. 橘子	51. 黄瓜	52. 樱桃
53. 嘴			

思维转转弯答案 竹子；柳树

54 上边毛，下边毛，中间一颗黑葡萄。（打一器官）

55 东西最贵重，无翼就能飞，绕着地球不停跑，从来不觉累。（打一科学仪器）

56 一物明透亮，能瘦也能胖，不洗也干净，越洗他越脏。（打一人体器官）

57 口比肚大，给啥吃啥。它吃了为你，你吃端着它。（打一生活用品）

58 北风结成疙瘩，乌云深处为家，出门敲锣打鼓，狠心毁坏庄稼。（打一自然现象）

59 大起来满山坡，小起来像枣核，能走千山万岭，不能跨过小河。（打一自然现象）

60 青山说人话，神仙听见怕，你若再喊它，它学你喊话。（打一自然现象）

（答案见下页）

思维转转弯

水中一个小姑娘，
家住池塘水中央，
粉色脸庞风中笑，
挺身站在绿船边。
（打一植物）

麻布袋子圆宝宝，
大红衣衫身上包，
白白胖胖都是油，
人们生活不能少。
（打一植物）

（答案见下页）

知识加油站

人造卫星可以为我们做些什么？

人造卫星有很多种类，这些不同类型的卫星就像是各行各业神通广大的调研员，能做的事可多了。比如，气象卫星能拍摄卫星云图，观测风向和风速，为我们预报天气情况；救援卫星能搜寻到求救者发出的信号，及时做出救援行动；遥感卫星能通过遥测仪器对地球表面实施感应遥测和资源管理的监视——如树木、草地、土壤、水、矿物、农家作物、鱼类和野生动物等的资源管理；还有一种间谍卫星，它还能收集军事情报呢。

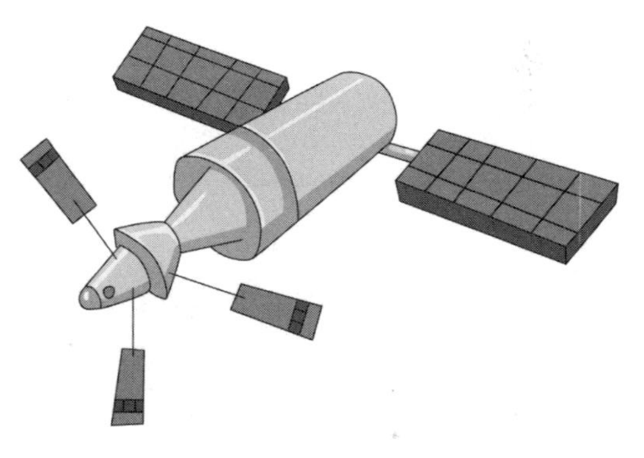

百科猜谜答案

54. 眼睛　55. 人造卫星　56. 水　57. 碗
58. 冰雹　59. 火　60. 回声

思维转转弯答案

荷花；花生

61 像只大蝎子，抱起似孩子，抓挠肚肠子，唱出好曲子。（打一乐器）

62 是笔不能画，和电是一家，要知有无电，可去请教它。（打一日常用品）

63 圆筒白糨糊，早晚挤一股，兄弟三十二，都说有好处。（打一日常用品）

64 左一片，右一片，两片东西不见面。（打一人体器官）

65 红漆桶，地下埋，绿的叶子顶上栽，切开红漆桶，清甜可口好小菜。（打一蔬菜）

66 万姊妹，同床睡，各盖被。（打一水果）

（答案见下页）

思维转转弯

一棵小树开紫花，
紫色果实半腰挂。
果子之中藏芝麻，
人人尝来人人夸。
（打一蔬菜）

一只没脚鸡，
立着从不啼。
吃水不吃米，
客来敬个礼。
（打一日常用品）

（答案见下页）

67 不长枝来不生杈，叶子顶上开白花，脑袋睡在地底下，胡子长了一大把。（打一蔬菜）

68 圆圆脸儿像苹果，又酸又甜营养多，既能做菜吃，又可当水果。（打一蔬菜 ）

69 红关公，白刘备，黑张飞，三结义。（打一水果）

70 黄包袱，包黑豆，尝一口，甜水流。（打一水果）

71 生根不落地，有叶不开花，市场有的卖，园里不种它。（打一蔬菜）

72 石猴出世。（打一灾难现象）

（答案见本页）

百科猜谜答案

61. 琵琶	62. 试电笔	63. 牙膏	64. 耳朵
65. 红萝卜	66. 石榴	67. 葱	68. 番茄
69. 荔枝	70. 梨	71. 豆芽	72. 地震

思维转转弯答案

茄子；茶壶

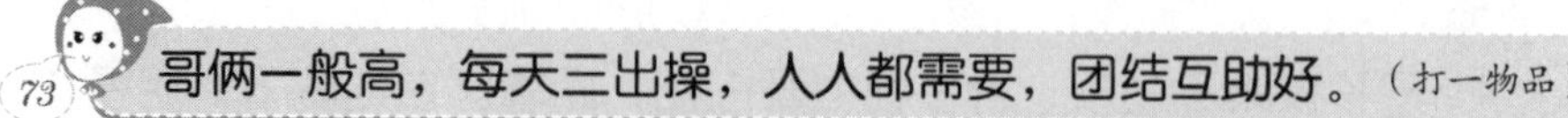

73 哥俩一般高，每天三出操，人人都需要，团结互助好。（打一物品）

74 不管翻地或打洞，天生爱动到处钻，松松土来施点肥，人人称我为地龙。（打一动物）

75 细细身体长又长，身后背着四面旗，斗大眼睛照前方，专除害虫有助益。（打一昆虫）

76 椎子尾，橄榄头，最爱头尾壳内收，走起路来慢又慢，有谁比他更长寿。（打一动物）

77 小白鸡，拖长尾，走一步，啄一嘴。（打一物品）

78 一天过去，脱件衣裳，一年过去，全身脱光。（打一物品）

（答案见下页）

思维转转弯

一只罐，
两个口，
只装火，
不装酒。
（打一日常用品）

年纪不大爱弯腰，
一把胡须硬又粗，
躺在盘中着红袍，
生在水中穿青衣。
（打一动物）

（答案见下页）

知识加油站

发生地震如何保护自己

地球在不断运动，地壳受到挤压、拉伸、旋扭等力的影响，积累了庞大的能量，在地壳脆弱部位，岩层就容易破裂，引起断裂、错动，于是形成了地震。目前，依照现在的科技水平无法精确地预测地震。所以发生地震时，我们要学会保护自己。若在室外应该尽量跑到空旷的地方，防止被坍塌物砸伤；如果在室内，要做到以下几点：

（1）如果在平房里发生地震，就要迅速躲到床下、桌下，同时用被褥、枕头、脸盆等物护住头部和身体，等地震间隙再迅速离开房屋，转移到安全地带。

（2）如果住在楼房中，发生了地震，不要慌忙跑出楼外，要迅速躲到两个承重墙间隔最小的房间，如厕所、厨房等。也可以躲在桌、床等家具下面以及房间内测的墙角，并且注意保护好头部，千万不要去阳台或窗下躲避。

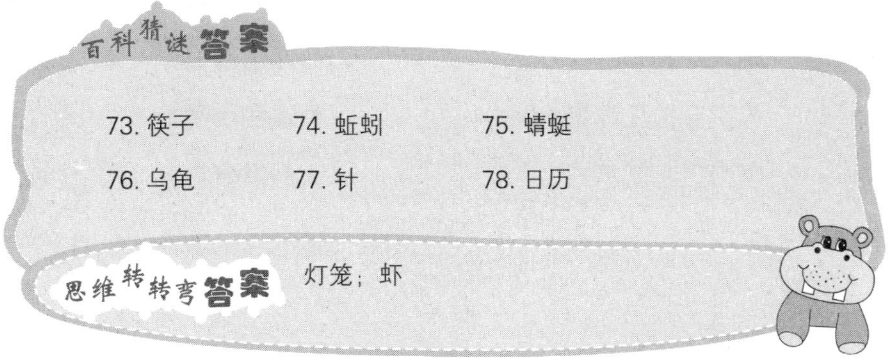

百科猜谜答案

73. 筷子　74. 蚯蚓　75. 蜻蜓
76. 乌龟　77. 针　78. 日历

思维转转弯答案

灯笼；虾

79 小小狗，手里走。走一走，咬一口。（打一日常用品）

80 薄薄一张纸，四边生长细牙齿，两地朋友要谈心，必须请它当差使。（打一物品）

81 有匹马儿两人骑，一头高来一头低，虽然马儿不走路，两人仍是笑嘻嘻。（打一玩具）

82 坐也坐不安，立也立不牢，年纪虽然大，永远不跌倒。（打一玩具）

83 身上穿红袍，肚里真心焦，惹起心头火，跳得八丈高。（打一物品）

84 有时落在山腰，有时挂在树梢，有时像面圆镜，有时像把镰刀。（打一自然现象）

（答案见下页）

思维转转弯

小小飞机眼睛大，
两只翅膀如明纱，
天空穿梭工作忙，
害虫见它就害怕。
（打一昆虫）

身强力气大，
劳作常带枷，
春耕和秋播，
人们需要它。
（打一动物）

（答案见下页）

月亮为什么会有圆缺变化?

日常生活中我们都会发现，月亮有时是月牙，有时是半圆，有时又像圆盘那么大。那么，月亮的形状为什么会改变呢?

这是因为月亮是围绕地球运行的一颗卫星，它本身不会发光，它的亮光是反射太阳光产生的。因此，它总是面朝太阳的那一面是发光的。月球在绕地球旋转的同时，又和地球一起绕太阳有规律地公转，所以月球、地球和太阳之间的相对的空间位置会不断发生改变，这就造成我们在地球上见到月亮的明暗会有规律性的变化。人们把月亮的这种变化称之为月相，也叫月亮的圆缺变化。

百科猜谜答案

79. 剪刀　80. 邮票　81. 跷跷板

82. 不倒翁　83. 爆竹　84. 月亮

思维转转弯答案

蜻蜓；耕牛

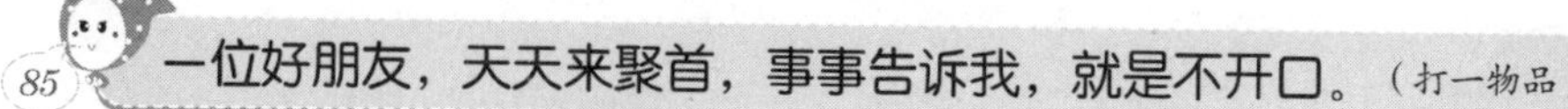

85 一位好朋友，天天来聚首，事事告诉我，就是不开口。（打一物品）

86 身穿着蓑衣，肉儿香又甜，要脱去那蓑衣，就会手儿痒。（打一蔬菜）

87 说它是棵草，为何有知觉，轻轻一碰它，害羞低下头。（打一植物）

88 小时能吃味道鲜，老时能用有人砍，虽不是钢和铁，浑身骨节压不弯。（打一植物）

89 四季青，巴掌大，用手摸，毛虫扎。（打一植物）

90 头戴大红花，身穿什锦衣，好像当家人，一早催人起。（打一动物）

91 小小玲珑一条船，来来往往在江边，风吹雨打都不怕，只见划桨不挂帆。（打一动物）

92 白公鸡，绿尾巴，一头钻进泥底下。（打一蔬菜）

（答案见下页）

思维转转弯

背着房子来回走，
外表坚强里面柔。
动作缓慢不拖拉，
用手一碰就缩头。
（打一动物）

脚短脑袋小，
全身被刺缠。
遇到险境时，
身体蜷成团。
（打一动物）

（答案见下页）

知识加油站

太阳为什么会发出光和热?

太阳是距离地球最近的一颗恒星，地球有日夜轮转，四季变化，都与太阳不停地释放出大量的光和热有关。那么，太阳是怎么发出如此炽烈的光和热呢?

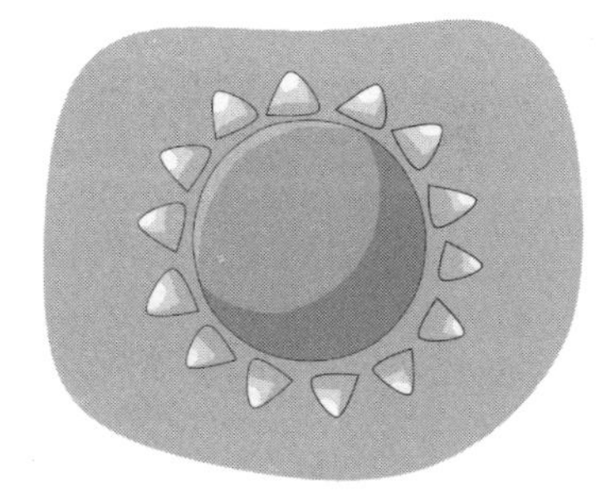

人们最开始认为太阳是一团炽热的火球，在辐射出光和热的同时就会开始慢慢变冷。19世纪中期，人们认为太阳是一团燃烧的气体，它在缓慢地收缩，依靠收缩产生热能，使气体不断加热，输出巨大的能量。但经过科学证实，以往人们的这两种解释都是不正确的。

一直到了20世纪30年代，人们才终于明白了，太阳的光和热都源于太阳内部的热核反应。原子之间的碰撞，释放出束缚在原子核中的巨大能量，并使其迅速地释放出来，维持着太阳的巨大辐射。太阳不停地进行热核反应，不停地释放出光和热能，至少已经历经50亿年了。

百科猜谜答案

85. 手机	86. 芋头	87. 含羞草	88. 竹子
89. 仙人掌	90. 公鸡	91. 鸭	92. 萝卜

思维转转弯答案 乌龟；刺猬

第五章

诗词妙语

诗词妙语

① 最难找的人：________

② 最害羞的人：________

③ 最憔悴的人：________

④ 最忧愁的人：________

⑤ 最悠闲的人：________

⑥ 最勇敢的人：________

⑦ 最寂寞的人：________

⑧ 最孤独的人：________

⑨ 脸皮最厚的人：________

⑩ 离家最久的人：________

（答案见下页）

思维转转弯

朱门酒肉臭，路有冻死骨。（打一成语）________

千山鸟飞绝，万径人踪灭。（打一成语）________

读书破万卷，下笔如有神。（打一成语）________

（答案见下页）

诗词妙语

⑪ 架子最大的人：________________

⑫ 最有志气的人：________________

⑬ 眼力最差的人：________________

（答案见本页）

诗词妙语答案

① 只在此山中，云深不知处。（贾岛《寻隐者不遇》）
② 千呼万唤始出来，犹抱琵琶半遮面。（白居易《琵琶行》）
③ 衣带渐宽终不悔，为伊消得人憔悴。（柳永《蝶恋花》）
④ 抽刀断水水更流，举杯消愁愁更愁。（李白《宣州谢朓楼饯别校书叔云》）
⑤ 采菊东篱下，悠然见南山。（陶渊明《饮酒》）
⑥ 但使龙城飞将在，不教胡马度阴山。（王昌龄《出塞》）
⑦ 前不见古人，后不见来者。（陈子昂《登幽州台歌》）
⑧ 孤舟蓑笠翁，独钓寒江雪。（柳宗元《江雪》）
⑨ 待到重阳日，还来就菊花。（孟浩然《过故人庄》）
⑩ 少小离家老大回，乡音无改鬓毛衰。（贺知章《回乡偶书》）
⑪ 天子呼来不上船，自称臣是酒中仙。（杜甫《饮中八仙歌》）
⑫ 至今思项羽，不肯过江东。（李清照《夏日绝句》）
⑬ 众里寻他千百度，蓦然回首，那人却在灯火阑珊处。（辛弃疾《青玉案·元夕》）

思维转转弯答案

世态炎凉；人迹罕至；妙笔生花

诗词妙语

⑭ 最喜欢喝酒的人：______

⑮ 最忙碌的人：______

⑯ 最有计谋的士兵：______

⑰ 最瘦的人：______

⑱ 最美的女人：______

⑲ 最穷的女人：______

⑳ 最奇妙的泉水：______

㉑ 最开心的事：______

㉒ 最长的情：______

㉓ 最苦的酒：______

㉔ 最深的雪：______

（答案见下页）

思维转转弯

举头望明月，低头思故乡。（打一成语）______

知之为知之，不知为不知。（打一成语）______

欲穷千里目，更上一层楼。（打一成语）______

（答案见下页）

诗词妙语

㉕ 最快的船：______

㉖ 最寂寞的时候：______

（答案见本页）

诗词妙语答案

⑭ 醉卧沙场君莫笑，古来征战几人回？（王翰《凉州词》）
⑮ 城头铁鼓声犹震，匣里金刀血未干。（李白《军行》）
⑯ 射人先射马，擒贼先擒王。（杜甫《前出塞》）
⑰ 帘卷西风，人比黄花瘦。（李清照《醉花阴》）
⑱ 回眸一笑百媚生，六宫粉黛无颜色。（白居易《长恨歌》）
⑲ 右手秉遗穗，左臂悬敝筐。（白居易《观刈麦》）
⑳ 山中一夜雨，树杪百重泉。（王维《送梓州李使君》）
㉑ 春风得意马蹄疾，一日看尽长安花。（孟郊《登科后》）
㉒ 天长地久有时尽，此恨绵绵无绝期。（白居易《长恨歌》）
㉓ 酒入愁肠，化作相思泪。（范仲淹《苏幕遮》）
㉔ 夜来城外一尺雪，晓驾炭车辗冰辙。（白居易《卖炭翁》）
㉕ 两岸猿声啼不住，轻舟已过万重山。（李白《早发白帝城》）
㉖ 举杯邀明月，对影成三人。（李白《月下独酌》）

思维转转弯答案

触景生情；实事求是；高瞻远瞩

诗词妙语

㉗ 最无才的人：________________

㉘ 醉得最死的人：________________

㉙ 酒量最大的人：________________

㉚ 爬得最高的人：________________

（答案见本页）

思维转转弯

野火烧不尽，春风吹又生。（打一成语）________________

火树银花合，星桥铁锁开。（打一成语）________________

（答案见本页）

诗词妙语答案

㉗ 两句三年得，一吟双泪流。（贾岛《题诗后》）

㉘ 昨夜雨疏风聚，浓睡难消残酒。（李清照《如梦令·昨夜雨疏风骤》）

㉙ 百年三万六千日，一日须倾三百杯。（李白《襄阳歌》）

㉚ 举手可近月，前行若无山。（李白《登太白峰》）

思维转转弯答案

死而复生；铁树开花

思念友情的诗句：

遥知兄弟登高处，遍插茱萸少一人。（王维《九月九日忆山东兄弟》）

桃花潭水深千尺，不及汪伦送我情。（李白《赠汪伦》）

孤帆远影碧空尽，唯见长江天际流。（李白《送孟浩然之广陵》）

春风又绿江南岸，明月何时照我还？（王安石《泊船瓜洲》）

洛阳亲友如相问，一片冰心在玉壶。（王昌龄《芙蓉楼送辛渐》）

劝君更尽一杯酒，西出阳关无故人。（王维《送元二使安西》）

莫愁前路无知己，天下谁人不识君。（高适《别董大》）

但愿人长久，千里共婵娟。（苏轼《水调歌头》）

海内存知己，天涯若比邻。（王勃《送杜少府之任蜀州》）

我寄愁心与明月，随风直到夜郎西。（李白《闻王昌龄左迁龙标遥有此寄》）

诗词妙语

31 最恐惧的地方：______

32 最大的门窗：______

33 最大的瀑布：______

34 最高的危楼：______

35 最远的朋友：______

36 最难寻找的东西：______

37 最强烈的春风：______

38 被风吹得最远的房子：______

39 最长的头发：______

40 最贪嘴的人：______

41 最风骚的人：______

42 最大的雪花：______

43 精神最好的人：______

44 思绪最乱的人：______

45 最倒霉的船：______

（答案见下页）

思维转转弯

流水落花春去也，天上人间。（打一成语）________________

粉骨碎身浑不怕，要留清白在人间。（打一成语）__________

桃花潭水深千尺，不及汪伦送我情。（打一成语）__________

（答案见本页）

诗词妙语答案

31 千山鸟飞绝，万径人踪灭。（柳宗元《江雪》）
32 窗含西岭千秋雪，门泊东吴万里船。（杜甫《绝句》）
33 飞流直下三千尺，疑是银河落九天。（李白《望庐山瀑布》）
34 危楼高百尺，手可摘星辰。（李白《夜宿山寺》）
35 海内存知己，天涯若比邻。（王勃《送杜少府之任蜀州》）
36 上穷碧落下黄泉，两处茫茫皆不见。（白居易《长恨歌》）
37 忽如一夜春风来，千树万树梨花开。（岑参《白雪歌送武判官归京》）
38 茅飞渡江洒江郊，高者挂罥长林梢。（杜甫《茅屋为秋风所破歌》）
39 白发三千丈，缘愁似个长。（李白《秋浦歌》）
40 才饮长沙水，又食武昌鱼。（毛泽东《水调歌头·游泳》）
41 江山代有才人出，各领风骚数百年。（赵翼《论诗五绝》）
42 燕山雪花大如席，片片吹落轩辕台。（李白《北风行》）
43 晴空一鹤排云上，便引诗情到碧霄。（刘禹锡《秋词》）
44 剪不断，理还乱，是离愁，别是一般滋味在心头。（李煜《相见欢》）
45 沉舟侧畔千帆过，病树前头万木春。（刘禹锡《酬乐天扬州初逢席上见赠》）

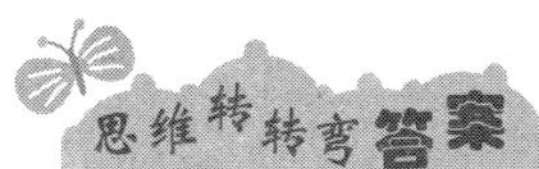

思维转转弯答案

落花流水；粉身碎骨；情深似海

诗词妙语

46 最凄美的爱情：________

47 最快的马：________

48 最痛苦的离别：________

49 眼泪最多的人：________

50 最远的路：________

51 最难走的路：________

52 最热的天气：________

53 最美的花：________

54 最不幸的事：________

55 最钟情的：________

56 最高的山：________

（答案见下页）

思维转转弯

山穷水尽疑无路，柳暗花明又一村。（打一成语）________

不识庐山真面目，只缘身在此山中。（打一成语）________

王师北定中原日，家祭无忘告乃翁。（打一成语）________

（答案见下页）

诗词妙语

57 最大的雨：________________

58 最惬意的事 ：________________

59 世上最长的脸：________________

（答案见本页）

诗词妙语答案

46 问世间情为何物，直教人生死相许。（元好问《摸鱼儿·雁丘词》）
47 春风得意马蹄疾，一日看尽长安花。（孟浩然《登科后》）
48 风萧萧兮易水寒，壮士一去兮不复返。（荆轲《易水歌》）
49 不见去年人，泪湿春衫袖。（欧阳修《元查子·元夕》）
50 天长路远魂飞苦，梦魂不到关山难。（李白《长相思》）
51 危乎高哉，蜀道之难难于上青天。（李白《蜀道难》）
52 万瓦鳞鳞若火龙，日车不动汗珠融。（陆游《苦夏》）
53 牡丹花品冠群芳，况是期间更有王。（邵雍《牡丹吟》）
54 运交华盖欲何求，未敢翻身已碰头。（鲁迅《自嘲》）
55 春蚕到死丝方尽，蜡炬成灰泪始干。（李商隐《无题》）
56 天文台八万四千丈，对此欲倒东南倾。（李白《梦游天姥吟留别》）
57 风如拔山努，雨如决河倾。（陆游《大风雨中作》）
58 春风得意马蹄疾，一日看尽长安花。（孟浩然《登科后》）
59 去年一滴相思泪，今年刚流到腮边。（苏东坡《苏小妹戏东坡》）

思维转转弯答案

绝处逢生；当局者迷，旁观者清；死不瞑目

60 最奇特的江水：____________________

61 最厚的冰：____________________

62 最贵的书信：____________________

63 最大的风：____________________

64 最贵重的酒席：____________________

65 白的最快的头发：____________________

（答案见下页）

思维转转弯

有意栽花花不开，无心插柳柳成荫。（打一成语）__________

春蚕到死丝方尽，蜡炬成灰泪始干。（打一成语）__________

（答案见下页）

描写春的诗句：

好雨知时节，当春乃发生。（杜甫《春夜喜雨》）

不知细叶谁裁出，二月春风似剪刀。（贺知章《咏柳》）

春色满园关不住，一枝红杏出墙来。（叶绍翁《游园不值》）

描写夏的诗句：

接天莲叶无穷碧，映日荷花别样红。（杨万里《晓出净慈寺送林子方》）

描写秋的诗句：

停车坐爱枫林晚，霜叶红于二月花。（杜牧《山行》）

湖光秋月两相和，潭面无风镜未磨。（刘禹锡《望洞庭》）

描写冬的诗句：

孤舟蓑笠翁，独钓寒江雪。（柳宗元《江雪》）

千里黄云白日曛，北风吹雁雪纷纷。（高适《别董大》）

忽如一夜春风来，千树万树梨花开。（岑参《白雪歌送武判官归京》）

诗词妙语答案

60 一道残阳铺水中，半江瑟瑟半江红。（白居易《暮江吟》）

61 瀚海阑干百丈冰，愁云惨淡万里凝。（岑参《白雪歌送武判官归京》）

62 烽火连三月，家书抵万金。（杜甫《春望》）

63 大风起兮云飞扬，威加海内兮归故乡。（刘邦《大风歌》）

64 金樽清酒斗十千，玉盘珍羞直万钱。（李白《行路难》）

65 朝如青丝暮成雪。（李白《将进酒》）

顺其自然；舍己为人

诗词妙语

66 此曲只应天上有。（打一成语）________

67 此时无声胜有声。（打一成语）________

68 到黄昏点点滴滴。（打一成语）________

69 飞流直下三千尺。（打一成语）________

70 高堂明镜悲白发。（打一成语）________

71 花谢花飞飞满天。（打一成语）________

72 黄河之水天上来。（打一成语）________

73 卷我屋上三重茅。（打一成语）________

74 君王掩面救不得。（打一成语）________

75 白云深处有人家。（打一成语）________

76 不知今夕是何年。（打一成语）________

77 小荷才露尖尖角。（打一成语）________

（答案见下页）

思维转转弯

同是天涯沦落人，相逢何必曾相识。（打一成语）________

春风又绿江南岸，明月何时照我还？（打一成语）________

曾经沧海难为水，除却巫山不是云。（打一成语）________

（答案见下页）

诗词妙语

78 养在深闺人未识。（打一成语）________

79 凭君传语报平安。（打一成语）________

80 千里江陵一日还。（打一成语）________

81 千门万户曈曈日。（打一成语）________

82 轻舟已过万重山。（打一成语）________

83 山外青山楼外楼。（打一成语）________

84 小扣柴扉久不开。（打一成语）________

85 天生我材必有用。（打一成语）________

（答案见本页）

诗词妙语答案

66 不同凡响 67 弦外之音 68 下落不明 69 山高水长 70 顾影自怜
71 落英缤纷 72 源远流长 73 风吹草动 74 爱莫能助 75 深居简出
76 忘年之交 77 出水芙蓉 78 其貌不扬 79 言而无信 80 一日千里
81 家喻户晓 82 一帆风顺 83 天外有天 84 一面之缘 85 人尽其才

思维转转弯答案

一见如故；归心似箭；曾经沧海

诗词妙语

86 来来往往一首诗，鲁班门前弄大斧。（打一成语）________

87 欲穷千里目，更上一层楼。（打一成语）________

88 人生到处知何似，应似飞鸿踏雪泥。（打一成语）________

89 忽闻河东狮子吼，拄杖落手心茫然。（打一成语）________

90 相逢不用忙归去，明日黄花蝶也愁。（打一成语）________

91 不识庐山真面目，只缘身在此山中。（打一成语）________

92 有如兔走鹰隼落，骏马下注千丈坡。（打一成语）________

93 旧书不厌百回读，熟读深思子自知。（打一成语）________

94 布衫漆黑手如龟，未害冰壶贮秋月。（打一成语）________

95 露宿风餐六百里，明朝饮马南江水。（打一成语）________

96 凌烟功臣少颜色，将军笔下开生面。（打一成语）________

97 桂子月中落，天香云外飘。（打一成语）________

（答案见 96 页）

思维转转弯

孤帆远影碧空尽，唯见长江天际流。（打一成语）________

纸上得来终觉浅，绝知此事要躬行。（打一成语）________

春色满园关不住，一枝红杏出墙来。（打一成语）________

（答案见 96 页）

知识加油站

诗中月：

举头望明月，低头思故乡。（李白《静夜思》）

野旷天低树，江清月近人。（孟浩然《宿建德江》）

人有悲欢离合，月有阴晴圆缺。（苏轼《水调歌头》）

秦时明月汉时关，万里长征人未还。（王昌龄《出塞》）

诗中风：

夜来风雨声，花落知多少。（孟浩然《春晓》）

野火烧不尽，春风吹又生。（白居易《赋得古原草送别》）

随风潜入夜，润物细无声。（杜甫《春夜喜雨》）

诗中花：

待到重阳日，还来就菊花。（孟浩然《过故人庄》）

黄四娘家花满蹊，千朵万朵压枝低。（杜甫《江畔独步寻花》）

借问酒家何处有，牧童遥指杏花村。（杜牧《清明》）

竹外桃花三两枝，春江水暖鸭先知。（苏轼《题惠崇〈春江晚景〉》）

诗中雨：

好雨知时节，当春乃来发生。（杜甫《春夜喜雨》）

清明时节雨纷纷，路上行人欲断魂。（杜牧《清明》）

渭城朝雨浥轻尘，客舍青青柳色新。（王维《送元二使安西》）

水光潋滟晴方好，山色空蒙雨亦奇。（苏轼《饮湖上初晴后雨》）

诗词妙语答案

㊱班门弄斧 87登高望远 88雪泥鸿爪 89河东狮吼

90明日黄花 91当局者迷 92兔起鹘落 93百读不厌

94冰壶秋月 95风餐露宿 96别开生面 97桂子飘香

思维转转弯答案

水天一色；事必躬亲；独辟蹊径

第六章

趣味文字

趣味文字

1. 父在母先亡

有个人十分迷信，有一次，他请算命先生算一下自己父母的寿命。算命先生首先问了来人以及其父母的生辰，然后装模作样地掐指一算，在纸上写了五个字："父在母先亡。"这个人听了之后，沉思片刻，付钱而去。你知道为什么这个迷信的人对算命先生的话一点都不怀疑吗？

2. 和尚挨打

有个叫丁辉的人去寺庙祈福，庙里的老和尚见丁辉比较寒酸，就对他十分冷淡。这时恰好有一个有钱人也来庙里祈福。老和尚马上换了一副嘴脸，笑脸相迎，十分热情恭敬。等有钱人走后，丁辉就问老和尚："为什么你对当官的恭敬非常，对我却冷若冰霜。"

老和尚说："你不懂，在我看来，恭敬即是不恭敬，不恭敬即是恭敬。"

丁辉大怒，挥拳就将老和尚大打一通。老和尚疼得哇哇大叫，质问丁辉为什么打人，丁辉说出了一番话，老和尚无言以对了。你知道他说了什么吗？

3. 猜谜

在夏天，闲来无事，爸爸就想考考儿子，于是他给儿子出了一道谜题："不是溪流不是泉，不是雨露落草间，冬天少来夏天多，日晒不干风吹干。"儿子听了之后想了想，说出了谜底："不是雨露不是泉，不是溪流也有源，在家少来下地多，它和勤劳紧相连。"爸爸听后哈哈大笑，直夸儿子聪明。

你能猜出他们说的是什么吗？

（答案见下页）

思维转转弯

给下面文字断断句，看看都有哪些意思。

1. 八十老翁亲生一子所有财产完全传给女婿外人不得争夺
2. 这个苹果不大好吃
3. 这是比喻不是表扬

（答案见本页）

趣味文字答案

1. 其实这个算命先生是在玩弄文字游戏，从字面上来看“父在母先亡”是有歧义的。第一种解释可以看成是，“父在，母先亡”，意思就是，父亲健在，母亲先死亡；还有一种解释是“父在母，先亡”，意思就是，父亲在母亲之前死亡。所以无论怎么理解，算命先生的话都是对的。
2. 丁辉殴打老和尚后，对老和尚说：“既然不恭敬即是恭敬，恭敬即是不恭敬，那我不打即是打，打即是不打。我其实没有打你。”
3. 谜底是“汗水”。

思维转转弯答案

1. 八十老翁亲生一子，所有财产完全传给，女婿外人不得争夺。
   八十老翁亲生一子，所有财产完全传给女婿，外人不得争夺。
2. 这个苹果不大好吃。
   这个苹果不大，好吃。
3. 这是比喻，不是表扬。
   这是比喻？不，是表扬。

4. 精神病院

德国音乐家瓦格纳的学生，著名的作曲家沃尔夫在37岁时，被人认为有精神病而送进了一家精神病院，但是他自己认为自己是“正常”的，不应该进精神病院。

“那只钟有问题吗？”沃尔夫指着医院餐厅里挂着的一只时钟说道。

“它走得很准。”护士漫不经心地说道。

沃尔夫立即问了一句话，让护士惊讶不已，不得不在心里认为沃尔夫其实也是正常的。

你知道沃尔夫说了一句什么吗？

（答案见下页）

思维转转弯

给下面文字断断句，看看都有哪些意思。

4 释放不得押送劳改

5 我批评他也批评你服气吗

6 山东队战败了北京队获得了冠军

（答案见下页）

标点巧救命

在清朝，有位书法家给慈禧太后的扇子题字，写的是唐代诗人王

之涣的诗："黄河远上白云间，一片孤城万仞山。羌笛何须怨杨柳，春风不度玉门关。"可是，这位书法家因一时不慎，漏写了一个"间"字。

慈禧太后十分恼怒，以为这位书法家欺她没学识，故意漏写字来羞辱她，于是就要下令砍这位书法家的头。

书法家情急生智，连忙说道："太后息怒，我是用王之涣诗意填词呀！"说完，他当场提笔，在写好的诗上标上标点，然后念道："黄河远上，白云一片，孤城万仞山。羌笛何须怨？杨柳春风，不度玉门关。"

慈禧太后听了之后，无言反驳，只好赐酒压惊。这位书法家的性命因此而得救了。

趣味文字答案

4. 沃尔夫说："那它来精神病院做什么？"

思维转转弯答案

④ 释放，不得押送劳改。
释放不得，押送劳改。

⑤ 我批评，他也批评，你服气吗？
我批评他，也批评你，服气吗？

⑥ 山东队战败了，北京队获得了冠军。
山东队战败了北京队，获得了冠军。

5. 强盗的难题

有一次，强盗抢劫了一个商人，并将他捆在树上准备杀掉。不过为了戏弄商人，强盗头子对他说："你说我会不会杀掉你，如果说对了，我就放了你，绝对不反悔！如果说错了，我就杀掉你。"

商人想了一想，回答了一句话，结果让强盗陷入了两难，不得不放了商人，你知道商人说了什么吗？

6. 价更高

小伙子："姑娘，你要这要那的，不怕人家说你是高价姑娘吗？"

姑娘："你难道没有听说，生命诚可贵，爱情价更高吗？价钱低了，还能叫爱情吗？当然价高才是爱情啦！"

小伙子听了姑娘的话，有些哑口无言了，聪明的你，能帮这个小伙子反驳姑娘的话吗？

7. 绝妙好辞

在汉代，有一个著名的孝女曹娥，她死后曾有人在她的墓前表彰她的孝行。当时有个著名的学者看过碑文之后，就在墓碑的背面刻了八个大字："黄绢幼妇，外孙齑舌"。后来，曹操路过这个地方，看到了这八个大字，有些不明所以，直到上马之后，走出了好久才悟到了这八个字的"隐语"。你知道这隐语是什么吗？

（答案见下页）

思维转转弯

给下面文字断断句，看看都有哪些意思。

⑦ 今年好倒霉少不得打官司

⑧ 行路人等不得在此小便

⑨ 我赞成他也赞成你怎么样

（答案见本页）

趣味文字答案

5. 这个商人说："你会杀了我的。"

6. 小伙子说："诗里的价值指的是精神价值，若等同于物质价值，那岂不是说，买了你的爱情，都能买你好几条命啦！"

7. 黄是颜色，绢是丝织品，色和丝在一起是"绝"字。幼妇是少女，即"妙"字。外孙是女儿的儿子，女与子即是"好"字。齑臼："齑（jī）"指的是姜、蒜、韭菜、等带有辛辣味的调味品；"臼"指的是用石头或木头制成、中部凹下的捣舂器具；"齑臼"合起来就是用来接"受""辛"料的器皿。而"受辛"合在一起是"辞"的古体字，所以是辞字。所以谜底是"绝妙好辞"的意思。

思维转转弯答案

⑦ 今年好，倒霉少，不得打官司。
今年好倒霉，少不得打官司。

⑧ 行路人等，不得在此小便。
行路人，等不得，在此小便。

⑨ 我赞成他，也赞成你，怎么样?
我赞成，他也赞成，你怎么样?

8. 别字

写别字是写诗作文中一种很特殊的表达方式。相传当年岳母刺字时，有意将“国”字少刻一点，用以代表国不能一日无君的意思，用这种方法来刺激岳飞精忠报国的心。在山东曲阜，也有这样一副对联。上联是“与国成体安富尊荣公府第”，下联为“同天并老文章道德圣人家”。这副对联里，上联的“富”字少了一点。这也是一种表达意境的方式，那么你知道在这里富少一点意味着什么吗？

（答案见下页）

思维转转弯

给下面文字断断句，看看都有哪些意思。

⑩ 哥哥说我是好青年

⑪ 养猪大如山耗子尽死完酿酒坛坛好做醋缸缸酸

⑫ 春游定在星期三下午举行阅读讨论足球比赛暂停

（答案见下页）

会说话的标点

雨果完成了《悲惨世界》的写作之后，就把手稿寄给一家出版社的编辑部，可是他等了好久都没有得到出版社的回信，于是就写了一封信去询问。信没有内容，只有一个大大的问号。

当这封奇怪的信寄到那家出版社的编辑部后，信很快就回了过来，上面也没有任何文字，只有一个大大的感叹号。雨果看到信后安心了，不久之后，《悲惨世界》这部世界名著就问世了。

趣味文字答案

8. 富字没有点，表示富贵不封顶的意思。

思维转转弯答案

⑩ 哥哥说：“我是好青年。”
哥哥说我是好青年。

⑪ 养猪大如山，耗子尽死完。酿酒坛坛好，做醋缸缸酸。
养猪大如山耗子，尽死完；酿酒坛坛好做醋，缸缸酸。

⑫ 春游定在星期三，下午举行阅读讨论，足球比赛暂停。
春游定在星期三下午举行，阅读讨论、足球比赛暂停。

9. 巧答

南齐有一个著名的书法家叫王僧虔，是晋代大书法家王羲之的四世族孙。他得楷书写得很好，具有大家风范。有一次，齐太祖萧道成提出了与王僧虔比试书法，一决雌雄。于是，两个人都竭尽全力作了书法一幅。写好后，齐太祖问道："王爱卿，你说说，我和你谁写得更好呢？"

王僧虔既不愿意贬低自己，又不敢得罪皇帝，在情急之下，他说了一句话，顺利地化解了他的尴尬。齐太祖听了之后，也一笑了之。你知道王僧虔是怎么回答的吗？

10. 猜成语

小天的妈妈是一个很聪颖又擅长女红的女人。有一天，妈妈手持毛衣针和毛线，正在穿针引线。这时候，小天刚好走过来了，妈妈就对小天说："小天，你能用一句成语把我刚才的那个动作说出来吗？"聪明的小天想了一想，就立刻说出了答案。妈妈直夸小天聪明，你知道小天说了什么吗？

11. 巧言

有一天，德国著名诗人海涅参加一个宴会，在宴会上有个人想捉弄海涅，就对他说："我去过一个小岛，小岛上什么都有，就是没有犹太人和驴子了。"听了这种带有严重侮辱性和种族歧视的语言，海涅并没有发怒，只是平淡地说了一句话，就让那个人"落荒而逃"了。

你知道海涅说了什么吗？

（答案见下页）

思维转转弯

给下面文字断断句，看看都有哪些意思。

⑬ 清明时节雨纷纷路上行人欲断魂借问酒家何处有牧童遥指杏花村

⑭ 只有一张票给小冬的不是给小夏的小夏一定要看明天再买

⑮ 解放前我爷爷带着我爸爸到关外讨饭去了

（答案见本页）

趣味文字答案

9. 王僧虔回答道：“臣的书法，人臣中第一；陛下的书法，皇帝中第一。”
10. 小天回答的答案是：“望眼欲穿。”
11. 海涅回答道：“那我和你去了，那就什么都有了。”

思维转转弯答案

⑬ 清明时节雨纷纷，路上行人欲断魂，借问酒家何处有，牧童遥指杏花村。
清明时节雨，纷纷路上行人，欲断魂。借问酒家何处？有牧童，遥指杏花村。

⑭ 只有一张票，给小冬的，不是给小夏的。小夏一定要看，明天再买。
只有一张票，给小冬的？不，是给小夏的！小夏一定要看。明天再买。

⑮ 解放前，我爷爷带着我。爸爸到关外讨饭去了。
解放前，我爷爷带着我爸爸到关外讨饭去了。

12. 丈夫的信

出门在外的丈夫十分想念在家里的妻子，于是托人捎了一封信回家，以此来表达思念之情，但是又怕被人看到信的内容，于是想出了一个办法，将他对妻子的话隐藏在一首诗里：“二人力大顶破天，十女耕田田半边，我要骑羊羊骑我，千田连土土连田。”

果然，送信的人打开了这封信，但是却看不懂这个男子表达的意思，但是聪明的妻子看了信之后，立刻明白了丈夫的心思。你知道这首诗表达的是什么意思吗？

（答案见下页）

徐谓寄食

在明末，有一位著名的书法家、画家名叫徐渭。他年轻时，家里很穷，

经常饿肚子，时不时地还要跑到亲戚朋友家中蹭吃蹭住，赖着不走，在别人鼻息下生活。

有一年春天，恰是细雨飘飘的季节，徐渭的行为让那家主人十分厌烦。有一天，这家主人实在忍不住了，就在墙壁上题了一行字，委婉地下了逐客令：下雨天留客天留我不留。徐渭出来一看，笑着说道：感谢兄台这样盛情留我，我也就不客气了，再继续住下啦！说着，给这行字点了标点：下雨天，留客天，留我不？留！

思维转转弯

给下面文字断断句，看看都有哪些意思。

⑯ 漆黑头发全无麻子脚不大周正

⑰ 无鸡鸭亦可无鱼肉亦可白菜豆腐不能少

⑱ 此屋安能居住其人好不悲伤

（答案见本页）

趣味文字答案

12. 夫妻義（义）重。

思维转转弯答案

⑯ 漆黑头发，全无麻子，脚不大，周正。

漆黑，头发全无，麻子，脚不大周正。

⑰ 无鸡，鸭亦；无鱼，肉亦可；白菜豆腐不能少。

无鸡鸭，亦可；无鱼肉，亦可；白菜豆腐不能少。

⑱ 此屋安能居住，其人好不悲伤。

此屋安，能居住；其人好，不悲伤。

13. 师生妙答

唐宋八大家之一的曾巩，很小时就被左邻右舍称为神童。一日，曾巩的老师带着他去春游，二人沿着蜿蜒曲折的桃花溪漫步在连绵起伏的桃花山。

此情此景，老师兴之所至，捋须吟道：“头上草帽戴，帽下有人在。短刀握在手，但却人人爱。”话音刚落，聪明的曾巩脱口而出一个字，老师笑着点了点头。请问，老师说的是什么字？

（答案见下页）

14. 职业

从前有个员外，生了个独生子，特地请了个先生，教儿子苦读诗书。有一天，员外家中来了几个远方的朋友，碰巧员外不会喝酒，就叫儿子的先生去作陪客。酒后饮茶，有一个朋友指着先生问员外：“这位是谁？”员外伸出一个小指头，说：“他吗？是这个。”先生见员外伸出小指头，以为在贬低他，起身便走，到书房卷起铺盖回家去了。散席后，员外知道先生不解自己的意思而气跑了，于是打发佣人请先生来家一趟，说有要事商量。先生便来到员外家。员外说：“我伸出小指头，是向朋友介绍你的姓名，职业。你当先生怎么连这个谜都猜不透啊？”于是向先生解释一番，先生听了员外之言，又返回到员外家教书。你知道这个先生姓甚名谁，什么职业吗？

（答案见下页）

15. 苏东坡打哑谜

有一次，苏东坡与佛印泛舟江河之上，吟诗作对。苏东坡看见河边有一只狗在啃骨头，于是计上心来，想捉弄一下佛印。他用扇子指着正在啃骨头的狗，叫佛印看，脸上颇有得意之色。佛印一看，就知道苏东坡又想骂他了，于是就把手中那把东坡赠与他的题有东坡的诗的扇子丢进河里。东坡看见佛印如此举动，马上就心领神会，脸上原来的得意之色马上就烟消云散了。你知道他们是在打什么哑谜吗？

（答案见本页）

思维转转弯

给下面文字断断句，看看都有哪些意思。

⑲ 今日逢春好不晦气来年倒运少有余财

⑳ 大便当饭小便当菜

㉑ 女人没有她的男人什么都不是

（答案见本页）

趣味文字答案

13. 谜底是花。因为头上草帽戴是指草字头，帽下有人在是指单人旁，短刀握在手是指匕首的“匕”字，但却人人爱，因为是花，所以人人爱。

14. 这位先生姓周，职业是老师。因为赵钱孙李周按数字顺序，先生名五。按俗称“天地君亲师”也是第五。

15. 东坡叫佛印看河边那条啃骨头的狗，其实是出了一条骂佛印的上联：狗啃河上（和尚）骨。佛印把题有东坡诗句的扇子丢进河里，不但回接了东坡的上联，还把东坡也骂了回来：水流东坡诗（尸）。

思维转转弯答案

⑲ 今日逢春好，不晦气，来年倒运少，有余财。

今日逢春好，不晦气；来年倒运少，有余财。

⑳ 大便当，饭；小便当，菜。

大便，当饭；小便，当菜。

㉑ 女人，没有她的男人；什么都不是。

女人没有，她的男人什么都不是。

16. 摇钱树

从前，有个人，身强力壮，但是什么活也不愿意干，整天就知道吃喝玩乐，东游西荡。后来，家产败光了，穷得连稀粥都喝不起，这才打算干点轻松活。一天，听人家说：世上有一种摇钱树，只要找到它，一摇便有钱，穷可变富，再不用愁吃愁穿了。于是，他欣喜若狂地到处找，见人便问："摇钱树在哪里？"找了九天九夜，毫无结果。但他仍不死心，继续询问，最后问到一位农夫："去什么地方才能找到摇钱树？"农夫对他说："摇钱树，两枝杈，两枝杈上十个芽，摇一摇，开金花，创造幸福全靠它。"懒人听后，恍然大悟，说："我明白了！"你知道这个摇钱树是什么吗？

17. 制谜高手

古时候，有个叫曹著的人，善于猜谜和制谜。某日，有个秀才想和曹著比高低，于是找上门来，出了一条谜语给曹著猜："卧也坐、行也坐、立也坐、坐也坐。"要求猜一动物。曹著听后，没有立即说出谜底，而是也出了一条谜语给那秀才猜："坐也卧、行也卧、立也卧、卧也卧。"也猜一动物。那秀才想来想去也想不出，曹著提示说："我的谜底能吃你的谜底！"听到这句含义双关的话，那秀才的脸红了，不仅连连称赞曹著高明，还钦佩地向曹著作揖，自叹不如，甘拜下风。你知道他们说的是什么动物吗？

（答案见本页）

趣味文字答案

16. 摇钱树就是人的双手。　　17. 青蛙、蛇。

酒店的对联

从前有个奸商，生意做得很大，不仅开酒坊同时也造醋，而且还用下脚料养猪。有一次，他请了一位秀才给他的作坊写对联，要求祝福作坊的生意兴隆，也要保佑他家人丁兴旺，财源广进，并许诺写好后，给秀才一些银两。秀才深知此人是个奸商，所以也留了一些心眼，写了一副没有标点的对联，并读给这位奸商听：

上联：酿酒缸缸好，做醋坛坛酸；

下联：养猪头头大，老鼠只只死。

横批：人多，病少，财富。

人多病，少财富

酿酒缸缸好做醋，坛坛酸

养猪头头大老鼠，只只死

这位奸商听了非常高兴，但是又吝啬银两，只肯给秀才一半的价钱。秀才微微笑了一下，并不争辩，拿了银两就离开了。

第二天，许多乡民都围在这位奸商的酒坊门前哄笑。这位奸商出门观看，发现对联已经加注了标点，读起来的意思差点把这位奸商气死。原来秀才的这首对联加了标点之后就变成了：

上联：酿酒缸缸好做醋，坛坛酸。

下联：养猪头头大老鼠，只只死。

横批：人多病，少财富。

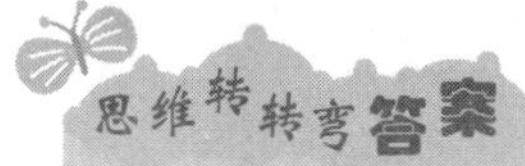

给下面文字断断句，看看都有哪些意思。

22 叔叔亲了我妈妈也亲了我

23 儿的生活好痛苦也没有粮食多病少挣了很多钱

24 熊出没注意

（答案见本页）

思维转转弯答案

22 叔叔亲了我妈妈，也亲了我。

叔叔亲了我，妈妈也亲了我。

23 儿的生活好，痛苦也没有，粮食多，病少，挣了很多钱。

儿的生活好痛苦！也没有粮食，多病，少挣了很多钱。

24 熊出，没注意！

熊出没，注意！

第七章 对联串烧

对联串烧

1 **上联：**世界微尘里

下联：____________________

2 **上联：**万法一心，空不异色

下联：____________________

3 **上联：**笑古笑今，笑东笑西笑南笑北，笑来笑去，笑自己原来无知无识

下联：____________________

4 **上联：**尔来礼拜乎？须摩着心头，干过多少罪行，向此处鞠躬叩首

下联：____________________

5 **上联：**客上天然居

下联：____________________

6 **上联：**僧游云隐寺

下联：____________________

7 **上联：**酒热不须汤盏汤

下联：____________________

8 **上联：**一杯土，尚巍然，问他铜雀荒台，何处寻漳河疑冢？

下联：____________________

9 **上联：**合祖孙，父子，兄弟，君臣，辅翼在人纲，百代存亡争正统

下联：____________________

10 **上联：**使君为天下英雄，正统攸归，王气钟楼桑车盖

下联：____________________

（答案见下页）

⑪ **上联：** 几根傲骨头，撑拼天地

下联： ____________________

⑫ **上联：** 移椅倚桐同赏月

下联： ____________________

⑬ **上联：** 天上星，地下薪，人中心，字义各别

下联： ____________________

⑭ **上联：** 人过大佛寺

下联： ____________________

（答案见下页）

思维转转弯

① **上联：** 天　**下联：** __________

② **上联：** 雨　**下联：** __________

③ **上联：** 大陆　**下联：** __________

④ **上联：** 山花　**下联：** __________

（答案见下页）

对联串烧答案

① 人生大梦中

② 一心万法，色即是空

③ 观事观物，观天观地观日观月，观上观下，观他人总是有高有低

④ 谁是讲经者？必破出情面，说些警赫话语，好叫人入耳悚神

⑤ 居然天上客

⑥ 寺隐云游僧

⑦ 厅凉无用扇车扇。此联上联后一“汤”读“烫”，下联后一“扇”读“煽”

⑧ 三足鼎，今安在？剩此石麟古道，令人想汉代官仪

⑨ 历齐楚，幽燕，越吴，秦蜀，艰难留庙祀，一堂上下共千秋

⑩ 巴蜀系汉朝终始，遗民犹在，霸图余古柏祠堂

⑪ 两个饿肚皮，包罗古今

⑫ 点灯登阁各观书

⑬ 云间雁，檐前燕，篱边鹅，物类相同

⑭ 寺佛大过人

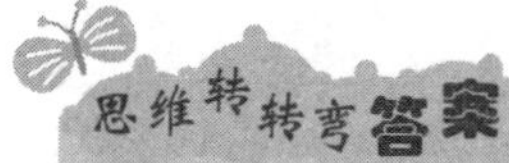

① 地 ② 风 ③ 长空 ④ 海树

⑮ **上联：**念念不离心，要念而无念，无念而念，始算得打成一片

下联：________________

⑯ **上联：**大千世界，弥勒笑来闲放眼

下联：________________

⑰ **上联：**鸡犬过霜桥，一路竹叶梅花

下联：________________

⑱ **上联：**九曲桥下湖空，空壶下桥取酒

下联：________________

⑲ **上联：**钟鼓楼中，终夜钟声撞不断

下联：________________

（答案见下页）

思维转转弯

⑤ 上联：赤日　　下联：________

⑥ 上联：秋月白　　下联：________

（答案见下页）

对联串烧答案

⑮ 佛佛原同道，知佛亦非佛，非佛亦佛，即此是坐断十方

⑯ 不二法门，济颠醉去猛回头

⑰ 牛马行雪地，两行蚌壳团鱼

⑱ 陶宅院前酣醉，醉汉前院摘桃

⑲ 金科场内，今日金榜才题名

唐伯虎嘲商人

有一位商人找到了江南四大才子之首的唐伯虎，求他写一副对联，唐伯虎欣然写下了一副对联：

生意如春意
财源似水流

这位商人看了看对联，皱了皱眉，觉得这副对联发财的味不浓，唐伯虎见他是一俗夫，便又写一联嘲笑他：

门前生意好似夏夜蚊虫，队进队出
夜里铜钱要像冬天虱子，越摸越多

谁知，商人见了这副嘲讽联却十分喜爱，顿时觉得如获至宝。

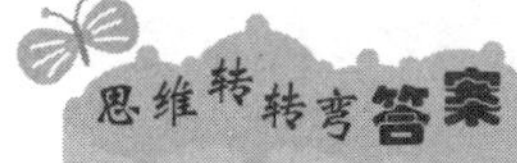

思维转转弯答案

⑤苍穹 ⑥晚霞红

对联串烧

⑳ 上联：此处既非灵山，毕竟什么世界

下联：________________

㉑ 上联：一觉睡西天，谁知梦里乾坤大

下联：________________

㉒ 上联：上海自来水来自海上

下联：________________

㉓ 上联：山羊上山，山碰山羊角

下联：________________

（答案见 122 页）

24 上联：闲吟步竹石

下联：________________

25 上联：穷愁但有骨

下联：________________

26 上联：五风十雨梅黄节

下联：________________

27 上联：怕热最宜穿短裤

下联：________________

28 上联：毕竟阿兄生负汉

下联：________________

29 上联：身后是非，盲女村翁多乱说

下联：________________

30 上联：大行绝俗忘荣辱

下联：________________

31 上联：水向石边流出冷

下联：________________

32 上联：蚂蚁树下马倚树

下联：________________

33 上联：朝官多戴朝冠

下联：________________

34 上联：林花经雨香犹在

下联：________________

35 上联：身行万里半天下

下联：________________

（答案见下页）

思维转转弯

⑦ 上联：春燕　　下联：________

⑧ 上联：虎踞　　下联：________

⑨ 上联：麦穗　　下联：________

⑩ 上联：寒毡　　下联：________

（答案见本页）

对联串烧答案

⑳ 其中如无活佛，何用这样庄严
㉑ 只身眠净土，只道其中日月长
㉒ 山东落花生花落东山
㉓ 水牛下水，水没水牛腰
㉔ 长醉歌芳菲
㉕ 诗兴不无神
㉖ 二水三山李白诗
㉗ 论功还欲请长缨
㉘ 可怜之子死依刘
㉙ 眼前热闹，解元才子几文钱
㉚ 至道无情空是非
㉛ 风从花里过来香
㉜ 鸡冠花前鸡观花
㉝ 宫婢常持宫被
㉞ 芳草留人意自闲
㉟ 眼高四海空无人

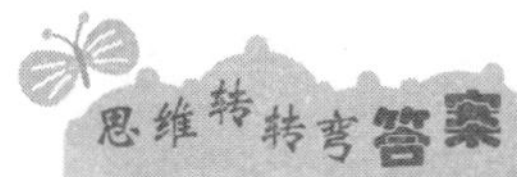

思维转转弯答案

⑦ 秋鸿 ⑧ 龙蟠 ⑨ 禾苗 ⑩ 暖席

对联串烧

36 上联：石墨一枝春，问山僧梅子熟未

下联：________________

37 上联：峰峦或再有飞来，坐山门老等

下联：________________

38 上联：官大，权大，肚子大，口袋更大

下联：________________

39 上联：水水山山，处处明明秀秀

下联：________________

（答案见本页）

思维转转弯

11 上联：好友　下联：______　12 上联：白鹤　下联：______

13 上联：雄狮　下联：______　14 上联：黄河　下联：______

（答案见本页）

对联串烧答案

36 梵钟数杵晓，唤世人尘梦醒来　37 泉水已渐生暖意，放笑脸相迎

38 手长，舌长，裙带长，好景不长　39 晴晴雨雨，时时好好奇奇

思维转转弯答案

11 嘉宾　12 青鸾　13 骏马　14 东海

解缙写对联的故事

明代学者解缙，他才思敏捷，幽默风趣，善于对对联，留下许多趣闻。据记载，解缙出生在一个贫寒家庭，在他九岁那年，塾师带他到江中去洗澡。塾师脱下衣服挂在树杈上，随口吟道：

千年古树当衣架

解缙望着滔滔江水，应声答对：

万里长江作浴盆

洗澡之后，在他们回家的路上，有一位过客向他们问路。解缙立马用手一指道："杨柳东西摆，石狮左右蹲，红杏墙头出，绿荫有家门。"过客见他小小年纪才思敏捷，十分称赞，就问他家的情况。解缙笑道，又出一联：

父亲肩挑日月

母亲手转乾坤

过客想了许久也没弄清楚意思。塾师笑着告诉他："他家以卖豆腐为生，母亲终日推磨磨豆腐，父亲挑着豆腐沿街叫卖，不正是'肩挑日月、手转乾坤'吗？"这位过客不禁叹服。

对联串烧

40 上联：经忏可超升，难道阎罗怕和尚

下联：______________________________

41 上联：蓄长髯骑赤兔不过溜须拍马本事

下联：______________________________

42 上联：净土莲花，一花一佛一世界

下联：______________________________

43 上联：三过其门，虚度辛壬癸甲

下联：______________________________

44 上联：爽气西来，云雾扫开天地憾

下联：______________________________

45 上联：港口撑船，因船钱而讲口

下联：______________________________

46 上联：密云不雨，通州无水不通舟

下联：______________________________

47 上联：重重叠叠山，曲曲环环路

下联：______________________________

48 上联：寄寓客家牢守寒窗空寂寞

下联：______________________________

49 上联：天为棋盘，星为子，何人能下？

下联：______________________________

（答案见下页）

50 上联：调琴调新调，调调调来调调新

下联：________________

51 上联：遇有缘人，不枉我望穿眼孔

下联：________________

（答案见本页）

思维转转弯

15 上联：人间清暑殿　　下联：________________

16 上联：清明花烂漫　　下联：________________

17 上联：神州凯歌奏　　下联：________________

18 上联：两岸炎黄裔　　下联：________________

（答案见本页）

对联串烧答案

40 银钱能赎罪，原来菩萨是赃官

41 释曹公仗青龙却是两面三刀功夫

42 牟尼珠献，三摩三藐三菩提

43 八年于外，平成河汉江淮

44 大江东去，波涛洗尽古今愁

45 窑头买瓦，为瓦价以摇头

46 钜野皆田，即墨有秋皆即麦

47 叮叮咚咚泉，高高下下树

48 迷途逝远返回达道游逍遥

49 地作琵琶，路作弦，哪个敢弹？

50 种花种好种，种种种成种种香

51 得无上道，只要汝立定脚跟

15 天上广寒宫　16 中秋月婵娟　17 华夏红旗飘　18 一颗赤子心

对联串烧

52 上联：人世大难开口笑　　下联：________

53 上联：姓氏隐同黄石远　　下联：________

54 上联：鸡蛋无盐真淡蛋　　下联：________

55 上联：同人同过铜驼岭　　下联：________

56 上联：松叶竹叶叶叶翠　　下联：________

57 上联：无锡锡山山无锡　　下联：________

（答案见本页）

思维转转弯

19 上联：两岸晓烟杨柳绿　　下联：________

20 上联：闻鸡起舞池当砚　　下联：________

21 上联：英烈功勋传千古　　下联：________

22 上联：祖国兴旺百花艳　　下联：________

（答案见下页）

对联串烧答案

52 肚皮终不合时宜

53 英雄识在鄚候先

54 猪肠未切好长肠

55 今上今开金马关

56 秋声雁声声声寒

57 平湖湖水水平湖

乾隆和纪晓岚

乾隆皇帝下江南到了江苏通州，他想到河北也有一个通州，于是即兴说了一个上联：

南通州，北通州，南北通州通南北

大臣们傻眼了，他们想了半天，甚至还查阅了县志都没办法对出乾隆皇帝的对联。这让乾隆皇帝十分不高兴。

就在这时，他身边的纪晓岚向四周张望，忽然看到许多当铺，他灵机一动马上对道：

东当铺，西当铺，东西当铺当东西

乾隆听见纪晓岚的对子，龙颜大悦，连声叫好，立刻就给了许多赏赐，并连升三级。

思维转转弯答案

⑲ 一园春雨杏花红 ⑳ 射虎穿石后争 ㉑ 风流人物看今朝 ㉒ 中华腾飞万年春

对联串烧

58 上联：破除迷信：佛地天堂，养性修心，全是统治阶级欺骗鬼话

下联：______

59 上联：北雁南飞双翅东西分上下

下联：______

60 上联：磨砺以须，问天下头颅有几

下联：______

61 上联：大肚包容，了却人间多少事

下联：______

62 上联：日日携空布袋，少米无钱，却剩得大肚空肠，不知众檀越，信心时将何物供奉

下联：______

63 上联：以忠孝仁恕传家，无大盛亦无大衰，先世之贻谋远矣

下联：______

64 上联：身居宝塔，眼望孔明，怨江围实难旅步

下联：______

65 上联：李打鲤归岩，李沉鲤又出

下联：______

66 上联：黄黍地中走黄鼠，鼠拖黍穗

下联：______

67 上联：但以诗书教子弟

下联：______

68 上联：辞汉万户

下联：______

（答案见下页）

思维转转弯

㉓ **上联：**向阳花朵　　**下联：**________

㉔ **上联：**好好学习　　**下联：**________

㉕ **上联：**祖国花朵　　**下联：**________

㉖ **上联：**千秋折桂手　　**下联：**________

（答案见本页）

对联串烧答案

58 保护文物：石雕木刻，包装粉点，皆属劳动人民智慧结晶

59 前车后辙两轮左右走高低

60 及锋而试，看老夫手段如何

61 满腔欢喜，笑开天下古今愁

62 年年坐冷山门，接张待李，总见他欢天喜地，试问这头陀，得意处有什么来由

63 于困苦艰难行善，有厚德必有厚福，后人之继述勉旃

64 鸟处笼中，心思槽巢，恨关羽不得张飞

65 风吹蜂落地，风停蜂再飞

66 白杨树下卧白羊，羊啃杨枝

67 莫将成败论英雄

68 送秦一锥

思维转转弯答案

㉓ 茁壮新苗 ㉔ 天天向上 ㉕ 未来主人 ㉖ 一代接班人

69 上联：有酒不妨邀明月

下联：________________

70 上联：围棋赌酒，一着一酌

下联：________________

71 上联：前追齐尚父

下联：________________

72 上联：兵书三卷桥边授

下联：________________

73 上联：国士无双双国士

下联：________________

74 上联：多闻正法，以广目光

下联：________________

75 上联：莫怪和尚们这般大样

下联：________________

76 上联：纵使有钱难买命

下联：________________

（答案见下页）

思维转转弯

㉗ 上联：早立凌云志　　下联：________________

㉘ 上联：年少宏图远　　下联：________________

㉙ 上联：祖国新花朵　　下联：________________

（答案见下页）

对联串烧答案

69 无钱哪得食云吞

70 坐漏读书，五更五经

71 下启武乡侯

72 忍字百篇家内藏

73 忠臣不二二忠臣

74 增长善根，而持国土

75 请看护法者岂是小人

76 须知无药可通神

知识加油站

曾国藩巧对左宗棠

曾国藩是清朝著名的政治家，除此之外他还是一个博学的文学家。曾国藩很喜欢吟诗作对，做学问是他最大的梦想，对于称王拜相并没有什么兴趣。到了晚年，即便此时曾国藩已经封侯了，可是他仍然悔恨自己在文学上没有建树。

他率领湘军攻下南京后，半壁江山都在湘军的掌控之中，若是此时曾国藩登高一呼，必然应者云集，推翻满清政府的统治，也是举手之间的事。当时曾国藩的幕僚们早就看到这点，并多次暗示曾国藩揭

竿而起，推翻清政府恢复汉室，但均被曾国藩拒绝了。连中兴四大名臣左宗棠与胡林翼都暗示过他。有次，左宗棠送给曾国藩一副对联：“神所依凭，将在德矣；鼎之轻重，似可问焉。”暗示曾国藩应当借机称王。曾国藩将左宗棠的对联改了一个字，回绝了他：“神所依凭，将在德矣；鼎之轻重，不可问焉。”表明了自己的心志。

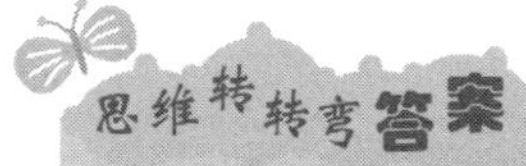

思维转转弯答案

㉗ 誓当接力人 ㉘ 人小志气高 ㉙ 未来小主人

对联串烧

77 **上联：** 因荷而得藕？

下联： ______________________________

78 **上联：** 两舟竞渡，橹速不如帆快

下联： ______________________________

79 **上联：** 老鸦踏断老桠枝，鸦飞枝落

下联： ______________________________

（答案见 136 页）

80 上联：鹰立树梢，月照影斜鹰不斜

下联：________

81 上联：若斯里朱仙不死，知当日金牌北如，三字含冤定击碎你这极恶滔天黑心宰相

下联：________

82 上联：翼德威明，鄙阿瞒如小儿，能视豫州同骨肉

下联：________

83 上联：音可观乎？

下联：________

84 上联：问观音为何倒坐？

下联：________

85 上联：药按韩康无二价

下联：________

86 上联：红娘子身披石榴裙，头戴银花，比牡丹芍药胜五倍，从容贯众，到天竺寺降香，跪伏神前，求云母天仙早遇宾郎

下联：________

87 上联：站着！你背地做些什么？好大胆还来瞒我！

下联：________

88 上联：只是骂个道打个僧，便这般这般，若毁圣谤贤，那还了得

下联：________

89 上联：君子之交淡如

下联：________

（答案见 136 页）

90 **上联：**二三四五

下联：________________

91 **上联：**鸡站箕沿上，鸡压箕，翻箕扑鸡

下联：________________

92 **上联：**髻上杏花何有幸

下联：________________

93 **上联：**乐乐乐乐乐乐乐

下联：________________

94 **上联：**朝云朝朝朝朝朝朝朝退

下联：________________

95 **上联：**大慈大悲，到处寻声救苦

下联：________________

96 **上联：**大肚能容天下难容之事

下联：________________

（答案见下页）

思维转转弯

30 **上联：**两鬓风霜途次早行之客　**下联：**________________

31 **上联：**雪满山中高士卧　**下联：**________________

32 **上联：**巢燕三春尝唤友　**下联：**________________

33 **上联：**人交好友求三益　**下联：**________________

（答案见下页）

对联串烧答案

⑦⑦ 有杏不须梅！
⑦⑧ 百管争鸣，笛清难比萧和
⑦⑨ 仙鹤归来仙壑涧，鹤唳涧鸣
⑧⓪ 猫伏墙角，风吹毛动猫未动
⑧① 即此邻关圣犹生，见此间铁骑南旋，万民哭留必保全我那精忠报国赤胆将军
⑧② 王陵忠义，弃项羽若敝履，独知刘季是英雄
⑧③ 士何大焉
⑧④ 恨众生不肯回头
⑧⑤ 杏栽董奉有千株
⑧⑥ 白头翁手持大戟子，脚跨海马，与草寇甘遂战百合，旋复回乡，上金銮殿伏令，拜常山侯，封车前将军立赐合欢
⑧⑦ 想下！俺这里轻饶哪个？快回头莫去害人
⑧⑧ 不过吃口肉喝口酒，便如此如此，倘坏心毒胆，怎么样儿
⑧⑨ 醉翁之意不在
⑨⓪ 六七八九
⑨① 驴系梨树下，驴挨梨，落梨打驴
⑨② 枝头梅子岂无媒
⑨③ 朝朝朝朝朝朝朝
⑨④ 长水长长长长长长长流
⑨⑤ 若隐若显，随时念彼消愆
⑨⑥ 开颜便笑世间可笑之人

思维转转弯答案

㉚ 一蓑烟雨溪边晚钓之翁 ㉛ 月明林下美人来
㉜ 塞鸿八月始来宾 ㉝ 士有贤妻备五伦

第八章

文字故事

1. 张涛猜谜

张涛是个举人，才学见识都十分了得。他的表妹嫣然，不仅貌若天仙，而且才华也十分出众。两个人都爱好猜谜，这天他们两个又玩起了猜谜。嫣然首先说了一个字谜：两人并坐，坐到二鼓三鼓，一个怕猫，一个怕虎。张涛心想，两人并坐，应该是两个字合在一起，又想到鱼儿怕猫，羊儿怕虎，便胸有成竹地说了一个“鲜”字。不料表妹嫣然嘻嘻一笑，说道：“不对不对，你再猜。”张涛低下头来苦思冥想，也想不出结果。

表妹嫣然便提醒道：“二鼓、三鼓这两个时辰是这字谜的关键，要充分考虑。”经表妹这一提醒，张涛脑子一转，顿时眼前一亮，张口便说出了谜底。

那么，你知道表妹嫣然的字谜的谜底是什么吗？

（答案见下页）

2. 鲁班考徒

鲁班是古代著名的工匠，他有许多弟子技艺都十分高超。有一天，鲁班为了考考学生，就对他的徒弟们说：“明天我要考考你们。”第二天，徒弟们早早就到了鲁班家，却发现家门紧闭，在门上留有一行字：“今日不可见。”

徒弟们对于鲁班留下的话，百思不得其解，以为是师傅临时改了主意，于是都准备散去，各自回家。不过，一个聪明的小徒弟却说：“我们不如到河边去看看吧，师傅很可能就在那边呢！”接着小徒弟继续说道：“‘可’即是‘河边’，‘不见’连在一起就是‘觅’字，这应该是师傅暗示我们到河边去找他。”当他们赶到河边后，果然发现鲁班正在河边等着他们。

见到徒弟们来了，鲁班很高兴，指着身边的一堆梓木说："你们用这些梓木做三日，要做得精。这就是考题了。"

三天之后，徒弟们都拿着自己的得意作品来找鲁班了，各种雕塑都十分精美，但是没有一个人能让鲁班满意。唯独小徒弟献上了一个镶嵌得很精巧的小书架，书架的梓木正好构成了一个"晶"字形状。鲁班十分高兴。

你知道小徒弟是怎么猜中鲁班的意图吗？

（答案见本页）

思维转转弯

按照要求增加或减少笔画变成新字。

① 日（加一笔）________　② 王（加一笔）________

③ 人（加一笔）________　④ 小（加一笔）________

⑤ 牛（加一笔）________　⑥ 木（加一笔）________

（答案见本页）

文字故事答案

1. 表妹嫣然的字谜谜底是"孩"。二鼓三鼓分别是"子"时和"亥"时，而"子"对应的生肖是"鼠"，而"亥"是"猪"，正好符合谜面。

2. 鲁班要徒弟做 3 日，要做得精。"梓"是"字"的谐音；"精"是"晶"的谐音；做 3 日，正好就是一个"晶"字。

思维转转弯答案

① 旦、目、申、电、由、甲、旧、白 ② 玉、主、五、丑、毛、丰

③ 大、个 ④ 少 ⑤ 生 ⑥ 本、末、未

3. 伍子胥猜谜

战国时期，有一位名将叫伍子胥，此人文武双全，十分了得。他不仅武艺高强，能手举千斤鼎，论才学，满朝文武也都不是他的对手。于是，相国就给他出了一个字谜：东海有大鱼，无头又无尾，丢了脊梁骨，一去直到底。伍子胥当即就猜了出来，接着他又回了相国一个字谜：出东海，入西山，写时方，画时圆。其实谜底一样，却把相国给难住了，你知道这是什么字吗？

（答案见本页）

思维转转弯

按照要求增加或减少笔画变成新字。

⑦ 争（减一笔）________

⑧ 龙（减一笔）________

⑨ 伐（减一笔）________

⑩ 部（移动部件）________

⑪ 吴（移动部件）________

⑫ 含（移动部件）________

（答案见下页）

3. 谜底是“日”字。

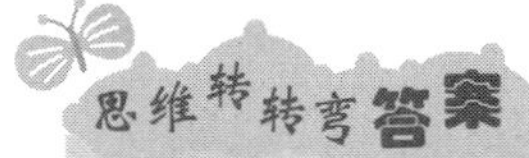

⑦刍；⑧尤；⑨代；⑩陪；⑪吞；⑫吟

人王、人玉和人主

古时候有个人识字不多，糊里糊涂，经常写错别字。有一次，他觉得自己名字笔画太多，写起来费事，就将自己的名字改成“人王”。

不久，皇帝出巡，路经此地，人们都跑去看热闹。

皇帝忽听有人在喊：“人王，快来看皇帝，好威风！”皇帝大吃一惊，心想：“谁胆子这么大，竟然敢称‘人王’？”回到行宫后，经过打听才知道，原来“人王”是一个酒鬼的名字。皇帝就派人把人王找来，告诉他“人王”的意思相当于国君，用这个名字是会犯忌杀头的，于是皇帝就给他的名字换了个字，叫“人玉”。

皇帝离开后，他觉得玉字那一点写在下面有点麻烦。于是，他就将那一点移到了“王”字的上面，改名叫“人主”，这名字马上又传开了。

不久后，有一个钦差到此地赈灾，听见有人喊“人主”，经过询问才知道，原来这个人主就是上次改名的“人王”。钦差十分愤怒，当即传令将人主带上公堂，判了个剐刑。

4. 战书的秘密

从前有两个国家，互相敌对。其中一个国家想要挑起战争，于是就向另一个国家发出了战书，在战书上面只书写了“天心取米”四个大字。这封战书让这个国家开始头疼起来，满朝的大臣没人能理解它的意思。国王只好张榜招贤，并许诺，只要能破解战书内容，就重重有赏。一位老人见到榜单之后，当即就表示能够破解战书内容，并有退兵之计。国王知道后，很高兴，便召这位老人上朝。老人解释了战书的意思之后，随即就给战书上的四个大字每个字添上了一笔，使之成为一个完整的词语，然后让敌国使者将这封修改后的战书带回去。敌国首领接到这封修改后的战书后，大吃一惊，知道对方已经知道了他的意图，于是取消了进攻的计划。你知道这封战书是什么意思吗？修改后的战书又是什么呢？

（答案见下页）

5. 急智的欧阳修

少年时代的欧阳修家里很穷，为了生活和学习，四处辗转奔波。在他 12 岁那年，他独自前往襄阳城，却见城门已关，只有城头的一个老兵把守，便拱手施礼道：“烦请老先生开门，放学生进城可好？”老兵问道：“你是何人？为了何事进城？”欧阳修答曰：“我是远道而来的读书人，进城求宿。”

城门关闭后，照例是不可开启的，但是老兵怜才，就说道：“既然是书生，那我就出一联，你对得出，就放你进来；若是对不出，就明天再进。”欧阳修大喜说道：“从命。”老兵念道：“开关早，关关迟，放过客过关。”

这联看似随便，却是叠字连用，暗藏机巧，不过欧阳修很快就说

道："出对子容易，对对子难啊，请老先生对吧！"老兵大声说道："我是让你对的。"欧阳修笑道："我已经对过了。"老兵仔细一想，恍然大悟，立刻开了城门，放欧阳修进来了。

对联讲究字数相等，既然上联是十一个字，下联怎么是十六个字呢？

（答案见本页）

思维转转弯

按照要求增加或减少笔画变成新字。

⑬ 另（移动部件）________　　⑯ 舌（减一笔）________

⑭ 今（加一笔）________　　⑰ 卜（加一笔）________

⑮ 目（减一笔）________　　⑱ 十（加一笔）________

（答案见本页）

文字故事答案

4. 那位老者解释说："天，就是指天下；心，就是指王国的中心腹地；取，就是巧取豪夺；米就是指国王陛下。所以'天心取米'就是要进攻王国，夺取江山。不过，照这样的情况来看，他们也只是探听虚实，看看我国对他们的威胁有什么反应。"这位老人回复的战书是"未必敢来"。

5. 其实欧阳修回复的是"出对易，对对难，请先生先对"。

思维转转弯答案

⑬ 加 ⑭ 令 ⑮ 日

⑯ 古 ⑰ 下 ⑱ 土、干

6. 文徵明招书童

文徵明打算找一个机灵的书童，可是连看了几个都不满意。这天，管家又找来了一个书童，请他过目。文徵明见这个小书童眉清目秀，对答如流，心中已经十分满意。不过他并没有表现出来，而是提笔写了几行字交给管家。上书：一月又一月，两月共半边；上有可耕之田，下有长流之川；一家有六口，两口不团圆。管家看了之后，明白了文徵明的意思，就将小书童留下来了。

你知道文徵明写的是什么意思吗？

（答案见本页）

思维转转弯

按照要求增加或减少笔画变成新字。

19 乌（加一笔）________　　22 厂（加一笔）________

20 中（减一笔）________　　23 下（加一笔）________

21 工（减一笔）________　　24 夫（减一笔）________

（答案见下页）

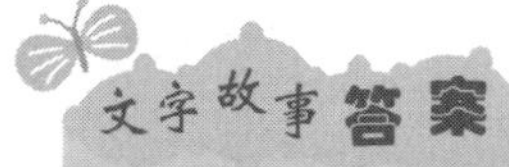

6. 文徵明写的谜底是“用”字。

思维转转弯答案

⑲鸟 ⑳口 ㉑二

㉒广 ㉓不 ㉔大

知识加油站

“大”字三兄弟

从前汉字王国有三胞胎兄弟，他们的名字中都有一个“大”字。

老大叫“一大”，老二叫“二大”，老三叫“三大”。

有一天，三兄弟一起出去玩，碰上了顿号家的两兄弟，他们是有名的寄生虫。三兄弟顿时觉得形势不妙，想要逃跑，但是依然被顿号给追了上来，一个附在“一大”的下边，变成了“太”。

一个附在“二大”右上角，变成了“犬”。

至于“三大”，一时不小心，掉入了河里，汉字最怕水，软化了。等到他被救上来时，他的“一”字已经错位，到了“人”的下面，变成了“个”。

于是，汉字王国多了3个新汉字：太，犬，个。

7. 三个谜语一个字

有一天，佛印、苏东坡和苏小妹三个人出游。在泛舟游湖的期间，佛印顺口便说了一首绝句：“我有一物生的巧，半边鳞甲半边毛，半边离水难活命，半边入水命难保。”苏东坡马上附和道：“我有一物两边旁，一边好吃一边香，一边上山吃青草，一边入海把身藏。”苏小妹文思敏捷也说道：“我有一物生的奇，半身生双翅，半身长四蹄。长蹄跑不快，长翅飞不起。”他们三人说的是同一个字，你知道是什么字吗？

（答案见下页）

8. 羞辱奸商

从前有个奸商，经常缺斤少两，以次充好，欺瞒顾客。为了附庸风雅，他花重金找到了当地十分出名的书法家，希望书法家为他题字。书法家欣然应许，大笔一挥写了一个“恳”字。这位奸商如获至宝，赶忙将这个字装裱好，挂在店铺大堂之上，以供人瞻仰。有一天，一个老人来到奸商店铺里，就笑了出来。他对奸商说道：“这个字呀，是个字谜，可见你平时为人很不好。”

经过老人指点之后，奸商恍然大悟，一气之下就将字撕成了粉碎。你知道这个字代表什么意思吗？

（答案见下页）

9. 姓名

有两个都喜欢猜谜的年轻书生聚在了一起。他们一高一矮在一家客栈相遇了。高个子书生问：“贵姓？”矮个子书生说道：“夏商之时夜间光。”说罢也问高个子书生：“贵姓？”高个子笑了笑说道：“颠来倒去都是头。”两个书生立刻明白了对方的意思，都笑着互相施礼。接着高个子书生又问：“请问大名？”矮个子书生说：“小生名叫老牛过板桥。”高个子书生说：“我叫大河失滔滔。”双方通了姓名之后，就开始交谈起来，顿时感到十分投缘，成了好朋友。

（答案见本页）

思维转转弯

按照要求增加或减少笔画变成新字。

㉕ 巾（加一笔）________　㉘ 晶（减三笔）________

㉖ 尺（加两笔）________　㉙ 吕（加两笔）________

㉗ 臣（减两笔）________　㉚ 自（减一笔）________

（答案见本页）

文字故事答案

7. 鲜。

8. “恳”字拆分之后就是“艮”和“心”，而“艮”字是“良”字少了一点，所以这位书法家其实是骂这位奸商没良心。

9. 矮个子书生叫胡生，高个子书生叫王可。

思维转转弯答案

㉕ 币 ㉖ 尽

㉗ 巨 ㉘ 品

㉙ 昌 ㉚ 目

10. 王知府猜谜

王知府才学很高，琴棋书画无一不精，文笔也颇为不凡。有一天，他和同僚李知府喝酒畅谈，席间玩起了猜谜游戏。李知府出了一个谜题：东南西北条条路，八万雄兵手提刀。一子一女并排坐，天上绿竹喜弯腰。王知府略微沉思便想出了谜底，然后王知府也给李知府出了一道谜题：两个幼儿去爬山，没有力气爬得上。归家又怕人笑话，躲在山中不肯还。李知府一下被难住了，不知道如何应对。

聪明的读者，你知道这两个谜语的谜底分别是什么吗？

11. 巧对对联

有两个很有才情的学子结伴出游山海关。其中一个学子见到如此壮景，就出了一个上联道："山海关虎跃龙腾。"

这个对联看似简单，其实是颇有难度的。因为其中有"山中有虎，海中有龙"的意思。这个对联考倒了另一个学子，当时他并没有马上对出来。到了第二天，两人云游水月寺，另一个学子触景生情，才对出了一个佳句，取"鱼在水中，兔生月宫"的意思，非常工整。

你知道这个学子是怎么对的对联吗？

（答案见 150 页）

三个有趣的汉字

“品”型结构的汉字酷似“三角形”，音、意、形都很有意思。不过这类汉字绝大部分不常用，都快变成“活化石”了。在这类汉字中，有三个字特别有意思。

“鱻”字是由三个“鱼”字组成的，读作“鲜”，它也是“鲜”的异体字。原指生鱼；也指鲜美、应时的食物。现在，市面上有一些饭馆喜欢采用生僻字招牌，来吸引顾客，尽管很多字可能并不认识，但是却给人大鱼大肉、排场丰盛的感觉。

“猋”字是由三个“犬”字组成，读作“标”。字型很明显，三条狗纠缠在一起，表示狗群奔跑的样子；引申一步，便派生出迅速、飙升的意思。

“麤”字是由三个“鹿”字组成，读作“粗”，也是汉字“粗”的异体。一大两小三头鹿，死死地顶在一起，表达了动粗的意思。

思维转转弯

按照要求增加或减少笔画变成新字。

31 用（加一笔）________

32 个（减一笔）________

33 办（移动部件）________

34 兵（减两笔）________

35 占（加四笔）________

36 旦（加两笔）________

（答案见下页）

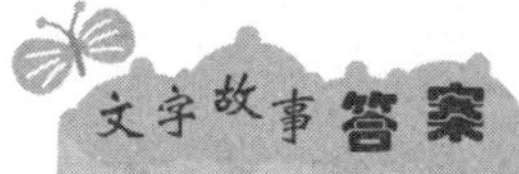

10. 十分好笑；幽。　　11. 水月寺鱼游兔走。

㉛甩 ㉜人 ㉝为
㉞丘 ㉟点 ㊱但

12. 巧治吝啬财主

在镇上有一个财主为人非常吝啬，绰号“铁公鸡”。他为了让儿子得到更好的教育，于是想请一个教书先生来教导他们。但因为他太过刻薄，请来的教书先生都受不了，纷纷告退。有位十分有学识的老先生知道了这件事，十分不满，决定好好整治一下这位财主。

于是，他来到财主家中对财主说：“我愿教导你家孩子，而且茶饭随意。”吝啬财主十分高兴说道：“此话当真？”这位老先生说道：“愿立字为据。”说罢便挥笔写下“无鸡鸭也可无鱼肉也可。”

可是，到了吃饭时，老先生见桌上摆的是青菜萝卜，便拍桌子斥责道：“你竟敢说话不讲信用。”财主愕然道：“老先生你怎么出尔反尔？”说罢便展示了字据。老先生夺过字据，在上面点了几下，便说道：“走，上衙门打官司去！”县令看了字据，便怒喝道：“白纸黑字，又盖了手印，尚要耍赖，先打三十大板。”说罢，就把字据扔给了财主。你知道老先生是怎么办到的吗？

（答案见下页）

13. 对联得安宁

古时候在一座书院里，有一群求学的学生。其中有一个叫张平的孩子学习十分勤勉，有空就看书练字。可是同一个书院的其他同窗就没有张平那种好学的精神了，每当下课，就将书本丢在一边，三五成群地做起游戏、玩乐起来。时常还闯到张平的家中胡闹折腾，搅得张平不得安宁，根本无法专心念书。张平对于这种行为十分气恼，但是又碍于颜面，不好意思公开驱赶，这时他就想到一个好办法，用隐晦的方式来表达自己的意思。

他在门上贴上了一副对联，这副对联的内文是：古月门中市，言青山上山。几个好玩的同窗看到了这副对联，一琢磨，就知道张平并不欢迎他们，他们也就不好意思继续去打扰张平了，你们知道这副对联表达了什么意思吗?

（答案见本页）

思维转转弯

按照要求增加或减少笔画变成新字。

37 儿（加一笔）________　　40 土（加一笔）________

38 师（减一笔）________　　41 寸（加两笔）________

39 人（加两笔）________　　42 由（移动一笔）______

（答案见下页）

文字故事答案

12. 在字据上加上标点，成为：“无鸡，鸭也可；无鱼，肉也可。”

13. 这副对联巧妙运用了离合法。“古”、“月”合成了“胡”，“门”和“市”合成了“闹”，上联的谜底是“胡闹”。“言”、“青”合成了“请”，“山”和“山”合成了“出”，所以下联的谜底是“请出”。连在一起的意思就是“胡闹请出！”他巧妙地批评了那些喜欢捣蛋的同学。

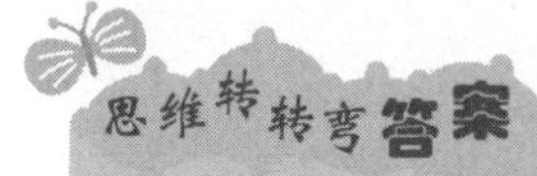

思维转转弯答案

㊲太 ㊳帅 ㊴从 ㊵丑、王 ㊶过 ㊷甲

文字故事

14. 书生斗地主

在明朝，有一个书生对门住的是一位地主，他们的关系十分恶劣。地主有一个大竹园，苍翠欲滴，十分漂亮。这位书生想到了一个整治地主的办法。首先他在门上贴了一副对联：门对千竿竹，家藏万卷书。地主看见之后，一发狠，将竹园里的竹子都砍了。聪明的书生就在这副对联的下面加了一个字。地主见了，就将竹子连根挖掉。书生哈哈一笑，又在对联后面添了一个字，这令地主十分气愤，却又毫无办法。你知道这位书生都加的什么字吗？

（答案见 154 页）

15. 四大天地

一位平庸的县官在离任时，有人送了一块德政牌匾给他，上书“四大天地”四个大字，县官想炫耀一下自己，于是对送行的人说：“我为人平庸，并无多大政绩。今天大家送我德政牌匾，实在是厚爱有加，愿闻其内涵。”有人就站出来，用四个成语来阐述了这位县老爷上任、在任、办事和离任时的表现和乡民的心情。顿时引起哄堂大笑，县官听后也十分羞愧，你知道是哪四个成语吗？

（答案见 154 页）

16. 吕安访友

三国时期，有个文学家叫吕安，他和“竹林七贤”是好朋友。

有一次，吕安兴致勃发，不远千里去看望“竹林七贤”之一的嵇康。不过，他来的不是时候，嵇康刚好外出不在，只有嵇康的哥哥嵇喜在家。嵇喜这个人和他弟弟迥然不同，是一个德才不高，又十分庸俗的官员，吕安打心眼里瞧不起他。所以，尽管嵇喜再三挽留，吕安却拒不进门。只在门上写了一个大大的“鳳”字，然后就飘然离开了。

嵇喜不明其意，以为是什么祝福的词语，十分高兴。当嵇康回来之后，看到门上的大字，笑道：“哥哥，吕安是在讥讽你呢！”经过嵇康的解释，嵇喜顿时十分羞恼。

你知道这个字是什么意思吗？

（答案见下页）

17. 改对联

在民国时期，有一个乡长勾结恶霸，欺压百姓，无恶不作。有一年除夕，他在大门两旁贴出了一副春联：“近智近仁近勇，立德立功立言”。

这自然引起了许多乡民的愤怒，当天晚上，对联就被改换了六个字，变成了意思完全相反的对联。差点把乡长气背过去。你知道对联被改成了什么吗？

（答案见下页）

思维转转弯

按照要求增加或减少笔画变成新字。

43 去（加一笔）______　　44 氏（减一笔）______

45 角（减一笔）______　　46 未（加两笔）______

（答案见下页）

知识加油站

趣味汉字问答

“禾”对“干”说：好穷呀，连裙子也没有！

“器”对“哭”说：没有口才，这下被人骂哭了吧！

“尺”对“尽”说：恭喜你，你怀的是双胞胎！

“日”对“曰”说：真笨，大家熟了，被人槌扁了吧！

“日”对“曰”说：叫你吃这么多，看你都胖成什么样了！

“日”对“曰”说：你以后别和我站一起，人家以为我们双胞胎呢！

文字故事答案

14. 分别是：门对千竿竹短，家藏万卷书长；门对千竿竹短无，家藏万卷书长有。

15. 县太爷上任惊天动地；县太爷在任花天酒地；县太爷办事昏天黑地；县太爷离任谢天谢地。

16. “鳳”字拆分开来就是“凡鸟”两个字，吕安是借着这个字来讥讽嵇喜庸俗无能。

17. 近霸近官近贼，立恶立奸立邪。

思维转转弯答案

㊸丢 ㊹氏 ㊺用 ㊻来

第九章

百变哑谜

1. 鱼布龟虫枣

有个农村的老头，想改变生活，于是让老伴留在村中，自己独自到镇子里做生意。这一去就是三年，老太婆很是着急，就算是找人捎口信，也是音信全无。她害怕老头不要自己了，思前想后决定“画”一封信给老头。

这封信由三幅图组成：第一幅图是三只王八、一棵树，又画了一只王八；第二幅图是一条大鲤鱼、一个苹果、一块布，又画了一只王八；第三幅图是一条大毛毛虫、一颗大红枣和一个老头。画好、封装好后，老太婆就托邻居顺路给捎去了。

老头接到信后，急忙道：“不好了，我明天就要回家啦！”伙计们不明所以，问：“这是为什么？”老头说：“你们看看我老婆子的信就明白啦！”伙计们拿过信，左看看，右看看，也瞧不出玄机。你知道这封信是什么意思吗？

2. 裴炎密信

唐朝武则天称帝后，有许多人不服武则天的统治，想起兵造反。尤其以徐敬业和骆宾王为最。他们暗中与裴炎勾结，不料事情败露，裴炎给徐敬业写的密信被查出，信上只写了“青鹅”两个字。

这封信最后落到了武则天的手中，武则天看了信后，明白了信中的意思，十分恼火，下令将裴炎杀了，并派重兵镇压反叛。徐敬业兵败被杀，而骆宾王则下落不明。

那么这封信中的“青鹅”到底是什么意思呢？

（答案见下页）

思维转转弯

① 谜题：一个人在测量身高。（打一数学名词__________）

② 谜题：两个人共同提着一个旅行包在边走边谈。

（猜一成语____）

③ 谜题：从 0 ~ 10 这十一个数字中捡出 0、7 和 8 仍在地上。

（猜一成语____）

④ 谜题：4 和 5，将 4 扔掉，将 5 放在口袋里。

（猜一成语____）

（答案见本页）

百变哑谜答案

1.“王八”要读成“龟”。这封信的解释是：龟龟龟（归归归）树龟（速归），鱼（如）果布龟（不归），虫（重新）枣（找）老头（老伴）。

2.“青鹅”的解释需要应用到猜字技巧。首先“青”可以分解为“十二月”，而鹅的繁体字是“鵝”，分解开来就是“我自与”。所以“青鹅”的解释就是“十二月你们起兵，我自然会与你们合作”的意思。

（答案见下页）

思维转转弯答案

① 立体几何 ② 相提并论 ③ 七零八落 ④ 四舍五入

3. 解缙问路

解缙是明朝三大才子之一，他年少时，家境贫寒，在他十六岁那年，肩负父老乡亲的重托，自己背着行李，到省府南昌城参加乡试。在赶路中，恰逢岔路，三条路口让解缙有些为难了，他不知道那条路才是到南昌的道路。正在焦急之际，正好有一位牧童路过，解缙赶忙过去询问。

牧童见解缙文质彬彬，很有气度，心想："这位哥哥的学识一定十分了得，不如让我考他一考。"于是，牧童不声不响地走到一块大石头的后面，伸了伸头。解缙一看，心领神会笑道："谢谢小兄弟指路之恩！"说罢施了一礼，然后挑起行李，继续赶路而去。你知道解缙走了哪条路吗？

4. 小陆的信

在小王二十岁那年，收到了好朋友小陆的一封信。他打开信一看，只见里面是一幅画。这幅画的内容是：一颗大五角星，星的下面有个姑娘搀着一个男孩。小王拿着这封信，看了许久，才会心一笑，明白了信中的含义。于是，小王也马上给小陆回了一封信。小陆收到的信也是一幅画。这幅画的内容是：两盆枯萎的花朵，花瓣满地都是。小陆看了信之后，也笑了，明白了小王的心思。

你能猜出这两封信的含义吗？

（答案见本页）

百变哑谜答案

3. 石出头为右，解缙走的是右边的那条路。
4. 小陆的来信含义是："生日好"（"星"拆开既是"生日"，一女加一子为"好"字）。小王的回信含义是："谢谢"（花枯萎了，就是花"谢"了）。

纪晓岚巧传信

纪晓岚很有才学，十分机巧狡黠。他与两淮盐运史卢雅雨是儿女亲家，卢雅雨挥霍无度，挪用了巨额公款，朝廷要将他法办。纪晓岚当时是侍读学士，与乾隆皇帝颇为亲密，听说了这件事，他决定将此事通知卢雅雨，但是又怕走漏风声，担当不起。于是，他想出了一个办法，将一小撮茶叶装在信封里，然后用面糊加盐封好，并把这封信寄给了卢雅雨。

卢雅雨接到这封古怪的信后，一下子就领悟了其中的意思，马上将财产转移。到了抄家的时候，已经没有多少资产了。

和珅知道了纪晓岚曾送信给卢雅雨，就向乾隆报告了。乾隆严责纪晓岚，纪晓岚说信中并没有写字。经过乾隆反复追问，纪晓岚才说这封信隐藏两个字的哑谜。其实是“盐茶”（严查）的意思。

思维转转弯

5 谜题：将1举起来，将2拿着就走。（猜一成语＿＿＿＿＿）

6 谜题：瓷盘中画了一束鲜花。（猜一日常用品＿＿＿＿＿）

7 谜题：瓷盘当中是一幅山水风景画。（猜一装饰品＿＿＿＿＿）

（答案见本页）

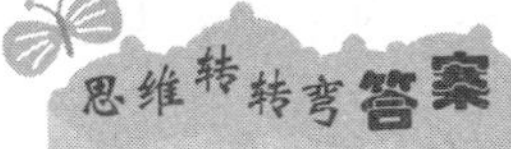

5 独一无二 6 盘香 7 山水盆景

5. 对联哑谜

以前，有人写了这样一副对联：

二三四五，六七八九。

横批：南北

这副对联哑谜是有丰富内涵的，你知道它表达了什么意思吗？

6. 趣味求职

曾经有一个刚刚毕业的青年想要得到一个梦寐以求的职位：不过当他到达招聘地点的时候发现，此时已经人山人海了。求职者已经排成了长队。

这时，这位毕业生知道，要在长龙中赢得老板的青睐并不是一件容易的事情，要想得到这个职位，必须想一个好办法。片刻之后，这位毕业生想到了一个好主意，他拿出一张纸，掏出笔在上面写了几行字，然后托人交给老板。老板看完上面的字后，哈哈一笑，将职位留给了这个毕业生。

你知道这个毕业生在字条上写了什么吗？

7. 公主被害

高贵优雅的公主被人杀死了，国王十分震怒，但并不知道凶手是什么人。国王下达了命令，只要谁能指认凶手，就重重有赏。一段时间之后，国王接到了一份举报密信。信的内容只有“菜、如、禾、七”这四个大字。其中“如”字的“口”字不知为何丢掉了一竖。在信中还提示，只要在每个字上添上一笔，那么国王就能找到凶手了。

你知道凶手是谁了吗？

（答案见下页）

思维转转弯

⑧ 谜题：一个人拿起花儿打另一个人。（猜红楼中一人物名）

⑨ 谜题：自产自销。（打一军事用语）

⑩ 谜题：一家十一口。（猜一字）

⑪ 谜题：一个和尚打开一把伞。（猜一成语）

（答案见本页）

百变哑谜答案

5. 这副对联表达的十分含蓄，上下联加起来的意思是“缺衣少食”，横批的意思是“缺少东西”。

6. 先生，我排在队伍的第 50 号，在看到我之前，请千万不要忙着下结论。

7. 菊妃杀女

思维转转弯答案

⑧ 花袭人 ⑨ 独立营 ⑩ 吉 ⑪ 无法无天

8. 宝钗应谜

在《红楼梦》里有这样一个情节。元宵节那天，贾元春回贾府省亲，顺便带来了许多灯谜，让大家猜，图个乐趣。贾母、贾政见贾元春喜欢灯谜，就摆下瓜果香茶以及各种有趣的玩物，举办了一个灯谜会。其中宝钗的灯谜是这样的："有眼无珠腹内空，荷花出水喜相逢。梧桐叶落叹离别，恩爱夫妻不到冬。"贾政看宝钗小小年纪，就作如此伤感的灯谜，非吉祥之兆，心中很难过。你知道这个灯谜的谜底是什么吗？

（答案见本页）

思维转转弯

⑫ 谜题：一个独臂人高举胳膊。（猜一成语）________

⑬ 谜题：一个哑巴打手势。（猜一成语）________

⑭ 谜题：一个醉汉扶着一棵树作呕吐状。（猜一动物）________

⑮ 谜题：一条黑狗。（猜一字）________

（答案见本页）

百变哑谜答案

8.“竹夫人”。竹夫人是用竹篾编成的，也有用整段竹子做的，圆柱形，中空，长三四尺，有许多大窟窿，可以透风，夏天睡觉抱着取凉。

思维转转弯答案

⑫ 一手遮天 ⑬ 不言而喻

⑭ 兔子 ⑮ 默

张飞与诸葛亮对哑谜

传说，刘备三顾茅庐时，诸葛亮曾出过一个哑谜，是张飞破解了这个哑谜。

当时，孔明以手指天，张飞就用手指地。孔明伸出一个手指，张飞伸出三个手指。孔明又伸出三个手指，张飞则伸出九个手指。孔明在胸前画了个圈，张飞却抬起袖口指了指，孔明这才露出了满意的笑容。

刘备和关羽不明所以，孔明这才解释道："我出上知天文，他对下晓地理。我出一统天下，他对三足鼎立。我出三三归汉，他对九九化原。我出胸装日月，他对袖满乾坤。对得真妙。"

事后，张飞说道："当时我以为他指天是说天上雪大，我指地是说地面路滑。他伸一指，问我们初到这里？我伸三指，说来了三次。他伸三指欲留我们三人吃饭；我忙伸出九指，告诉他三人要吃九张饼。他在胸前画个圈，说他家饼大；我以手指袖，意思是，吃不了可带走。"

刘备和关羽听了之后都哈哈大笑起来。

9. 对不住

袁世凯去世之后，举国欢腾，十分高兴。这时，有一位文人要去北京为袁世凯送挽联。邻里乡亲听了十分好奇，纷纷过来询问。他把写好的挽联打开了，只见里面的内容是这样的：

袁世凯千古；

中国人民万岁！

人们看后，都不禁哑然失笑。这位文人就问："这副对联怎么样？"一个心直口快的小伙子说："对联应该能对得住才行吧。上联的'袁世凯'明显对不住下联的'中国人民'呢！"文人听了之后笑了出来，并且给众人解释了一番。听完文人的解释，乡亲们都笑了。

你知道这副对联的含义吗？

10. 问路

有一次，一位年轻的解放军战士带着两位女民兵要翻山越岭去执行一项任务，由于地形生疏，不知道从哪个方向走。正在解放军战士着急的时候，恰好一位老大爷路过，这位解放军战士喜出望外，赶忙过去问道："老大爷，你知道怎么走出深山吗？"老大爷说："要女的走开。"解放军战士让两位女同志先回避了，继续问老大爷，可是老大爷还是那句话："要女的走开。"说罢，就不理解放军战士了，自顾自地砍柴。这位解放军战士一琢磨，顿时明白了老大爷的意思，按照老大爷指引的方向离开了。最终，他们成功地找到了下山的路。

你知道大爷说的话的意思吗？

（答案见下页）

11. 密函

英国安全局捉到一名间谍，从他的身上搜到一份密函。密函的内容是这样的："B 老师：就援助贵校球队外出比赛一事，明天 5 时请与领队到我家详谈。"这封密电很快就被英国安全局的工作人员给破译了，你知道这份密函的内容是什么吗？

（答案见本页）

思维转转弯

⑯ 谜题：画上一张饼。（猜一成语）________

⑰ 谜题：桌上放着一大一小两杯酒，一个人将小酒杯放进大酒杯。（猜红楼中一人物名）________

⑱ 桌上放着一副围棋和一条毛巾，一个人用毛巾包住围棋盘。（猜三国中一人物名）________

⑲ 4 个人搬一根木头。（猜一字）________

（答案见本页）

百变哑谜答案

9. 袁世凯对不住中国人民。

10. "要女的走开"，"要"字把"女"字去掉，就是"西"，所以大爷是让他们向西走。

11. 援队一时到。破解方法是逢五字抽一字，标点不算。

思维转转弯答案

⑯ 画饼充饥 ⑰ 包勇 ⑱ 魏延 ⑲ 杰

12. 蟹灯

在宋朝，秦桧专权，残害忠良，荼毒国家，百姓敢怒不敢言。那年元宵，高宗赵构为了粉饰太平，下令百姓献灯。在五颜六色的彩灯中，有一盏蟹灯特别吸引人，只见它大钳怒张，八足齐伸，活灵活现。奇怪的是在八只蟹脚的尖爪上各粘着一个字，连起来为："春来秋往，压日无光。"高宗站在灯前思索好久，也不明白这八个字的含义。

这时，高宗身边的一个谋臣明白了其中意思，就对皇帝说："皇上，蟹是横行之物，百姓献此灯，肯定有其深意。"高宗思考了一会儿，也不说话，就让太监把蟹灯收起，送给了秦桧。秦桧收到灯后，勃然大怒，他无法找献灯的人出气，只能找借口将这位谋臣杀掉了。你知道这是为什么吗？

（答案见本页）

思维转转弯

⑳ 谜题：一人。（猜一字）____________

㉑ 谜题：一人腰上挂把弓。（猜一字）____________

（答案见下页）

百变哑谜答案

12."春无日""秋无光"即春字去掉日，秋字去掉光（火），组合起来，恰好是一个秦字。这个蟹灯，就是暗讽秦桧横行霸道。

⑳大 ㉑夷

四大才子猜哑谜

文徵明和祝枝山是明朝的大才子，同时也是猜谜的大行家。有一年元宵佳节，两人一起去苏州玄妙观赏灯会。这天夜里很热闹，灯谜很多，还有许多猜“哑谜”的小摊。两个人看到有个地方聚集了许多人，也去凑个热闹，过去一看才发现，原来是有人在猜哑谜。摊主在谜架上挂着一只鸟笼，在笼中关着一只小鸟，鸟笼旁有一串铜钱，并许诺猜的人做一个动作，猜一个衙门用语，谁猜对了，就可以拿钱走人。

文徵明稍加思索，抢步上前取过铜钱，便打开鸟笼，要放走小鸟，主人见了连连点头。

这时，祝枝山急步上前，不仅抢过文徵明手中的铜钱，还把手伸进鸟笼，将小鸟给捏死了。摊主有些不高兴地对祝枝山说道：“那位公子已经猜对了，你何必多此一举，还把小鸟捏死呢？”

祝枝山笑道：“他猜他的，我猜我的，你出谜的不该厚此薄彼，齐啬赏钱。”

原来文徵明的哑谜是“得钱卖放”（本意是受贿后放人），祝枝山猜的是“谋财害命”，摊主听了之后十分高兴，马上又拿出了一串铜钱。

13. 雅士哑谜

从前，在汴州有一位才学很高的雅士，他很善于构思奇谜来难倒他人。有一天，他又匠心独运，用美玉雕了尊身高一寸的西施雕像，在街头展览。并许诺众人，谁能猜出谜题，就可以获得这尊西施雕像。但是一连几天，都没人能破解谜团。有一天，一位秀才打量着西施雕像沉思，忽然拨开人群，伸手将西施雕像抢过，揣入怀中便走。众人不解，正要阻拦，却被雅士喝住。雅士微微一笑道："先生高才。"显然这位秀才破解了谜题，你知道是怎么回事吗？

（答案见 170 页）

14. 玩具老虎

在一个晚会的现场里，在大厅的角落靠墙有座假山，山脚下放着一只玩具老虎。这时晚会的主持人说道："这是一个哑谜，谁能上来做个动作，猜两个成语，就能获得这只玩具小老虎。"

有一个聪明的小孩乐乐，他想了一阵子，忽然灵光一闪，就向假山走去。乐乐对着小老虎挤眉弄眼，好像在逗弄小老虎似的。乐乐做完这些动作后，又抱着小老虎玩了起来。玩了一会儿，又将小老虎放回假山脚下，然后离开假山。

最后乐乐得到了玩具老虎，你能猜到答案吗？

（答案见 170 页）

15. 数字电报

A 县是全国著名的粮食生产基地。这次在 A 县发生了一起盗窃案，A 县的一个大粮仓失窃，一批大米被盗走。县公安局立刻组织侦破活动。经过调查后发现在邮局里有人拍了一份奇怪的电报，电文内容是"1、2、

6、3”四个数字。刑警队队长是一个拥有多年侦破经验的老刑警，他很快就破解了这群盗窃分子的暗号，并组织人员将其一网打尽。你知道，刑警队长是怎样发现破案的线索吗？

16. 强盗暗语

有一伙强盗，专做杀人越货的勾当。有一天，强盗团伙的探子将一团东西扔进了一棵老树的树洞里，这个细节恰好被村民王大明看到了。等这个探子走后，王大明就仔细查看了树洞，从里面拿出了一团纸条。打开一看，里面写了四句话：

主人不点头，十人一寸高，人小可腾云，人皆生一口。

王大明看过纸条后，又重新将纸条搓成团放进了树洞里，并迅速将强盗要袭击村子的消息告诉了村民。村民们在村长的领导下，立刻组织起来，反抗山贼。到了当天夜里，强盗果然来了，不过在有所防备的村民的打击下，强盗只能束手就擒。

你知道树洞里的纸条，上面写的是什么内容吗？

17. 哑谜骂贪官

在明朝，有个贪官叫甘百川，人称五道太守，是个大贪官。在任期间，无恶不作，大肆搜刮民脂民膏，惹来百姓怨声载道。有一年元宵节，当地百姓为了讥讽甘百川，用白纸糊了一艘旱地莲船，上街游行。在船的前面有两头人扮的狮子，口里各衔着一个大元宝。在船的旁边站着五个道士，都歪戴着帽子。中央的道士举着一根发黄的竹竿，仅竹竿的顶端有点青色。这只离奇的队伍，走到哪里，都引来人们的捧腹大笑。

这出讽刺剧暗藏着一则哑谜，这则哑谜的意思是：“好个干白船，两狮都咬钱；五道冠不正，一竿青不全。”你知道其中的奥秘是什么吗？

（答案见下页）

思维转转弯

㉒ 谜题：一枚古代钱币。（猜一字）________

㉓ 谜题：一本《新唐书》。（猜三国中一人物名）________

㉔ 谜题：孙悟空站在山顶上，手搭凉棚，到处看。（猜三国中一人物名）________

㉕ 谜题：一个存钱罐和六个五分钱（猜两个数学名词）________

（答案见本页）

百变哑谜答案

13. 一寸佳人为“夺”字。
14. 调虎离山，放虎归山。
15. “1、2、6、3”可以唱成“都来拉米”。
16. 这四句话每一句都代表一个字，合起来就是“王村会合”。
17. 这四句话隐藏的意思是：“好个干白船（甘百川），两狮（司）都咬（要）钱；五道冠（官）不正，一竿（甘）青（清）不全。”

思维转转弯答案

㉒ 错 ㉓ 李典 ㉔ 高览 ㉕ 积分、三角

第十章

快乐灯谜

快乐灯谜

1. 先前过激必后悔（打二字娱乐新词）__________
2. 海滩“活埋”找感觉（四字娱乐新词）__________
3. 分头求和茶端去（动漫周边用语）__________
4. 掌下发出八成力（动漫周边用语）__________
5. 借得梅花一缕魂（打一调味品）__________
6. 仲尼日月（打一古人名）__________
7. 只许州官放火（打三字俗称谓）__________
8. 呼儿将出换美酒（打三字俗称谓）__________
9. 七嘴八舌不停口（打花卉名）__________
10. 六宫粉黛无颜色（打花卉名）__________
11. 若个书生万户侯（打三字电子产品）__________
12. 一篇锦瑟感日月（打三字电子产品品牌）__________
13. 十人九死（打一中草药名）__________
14. 古城姐妹（打一中草药名）__________
15. 拍一个巴掌（打一地名）__________
16. 鲁迅逝世一世纪（打一成语）__________
17. 弃女（打一成语）__________
18. 负数二十（打一学校用语）__________

（答案见下页）

⑲ 弥勒佛（打一成语）________________

⑳ 借箭草船（打一成语）________________

㉑ 六月飞雪（打一中草药名）________________

（答案见本页）

思维转转弯

① 充耳不闻（打一字）____ ② 接二连三（打一字）____

③ 乘人不备（打一字）____ ④ 有口难言（打一字）____

⑤ 一往无前（打一字）____ ⑥ 唇齿相依（打一字）____

⑦ 一刀两断（打一字）____ ⑧ 有目共睹（打一字）____

⑨ 水落石出（打一字）____ ⑩ 半推半就（打一字）____

（答案见本页）

快乐灯谜答案

① 海选 ② 人体沙包 ③ 积木人 ④ 手办 ⑤ 香精 ⑥ 孔明 ⑦ 小不点 ⑧ 叫花子 ⑨ 一串白 ⑩ 贵妃红 ⑪ 读卡器 ⑫ 文曲星 ⑬ 独活 ⑭ 金银花 ⑮ 五指山 ⑯ 百年树人 ⑰ 一掷千金 ⑱ 背念（廿，音念） ⑲ 笑口常开 ⑳ 众矢之的 ㉑ 夏冰

思维转转弯答案

① 龙 ② 一 ③ 乖 ④ 哑 ⑤ 主 ⑥ 呀 ⑦ 判 ⑧ 者 ⑨ 泵 ⑩ 扰

快乐灯谜

㉒东京北京通贸易（打一成语）________

㉓测鼠（打一词牌名）________

㉔二十四小时（打一成语）________

㉕公用毛巾（打一成语 ）________

㉖人无信不立（打一字）________

㉗一月一日非今天（打一字）________

㉘娘娘懿旨：刀下留人（打七字成语）________

㉙介入一部分（打二字音乐名词）________

㉚武大郎设宴（打一成语）________

㉛寄人篱下为糊口（打十六笔字）________

（答案见下页）

思维转转弯

⑪有声有色（打一字）____ ⑫挖空心思（打一字）____

⑬纵横交错（打一字）____ ⑭脱口而出（打一字）____

⑮闻风而起（打一字）____ ⑯非驴非马（打一字）____

⑰行将就木（打一字）____ ⑱白玉无瑕（打一字）____

⑲死心塌地（打一字）____ ⑳矢无虚发（打两字）____

（答案见下页）

以谜对谜

有一年元宵节，王吉普去拜访自己的好朋友王安石。王安石十分高兴，立刻设宴款待王吉普。吃饭时，王安石说：“今天是元宵节，我出个谜题助助兴,你听好了。画时圆，写时方，冬时短，夏时长。”

王吉普想了想，笑了笑，却没有说谜底，而是对王安石说：“我也出一谜助助兴！”说罢就吟道：“东海有条鱼，无头亦无尾，去掉脊梁骨，便是你的谜！”

王吉普这种以谜猜谜的方式十分有趣，顿时吸引了王安石的兴趣。他想了片刻，不禁微微地笑了。原来，两人所出灯谜的谜底均是同一个“日”字。

快乐灯谜答案

㉒ 日中多事 ㉓ 卜算子 ㉔ 一朝一夕 ㉕ 面面俱到 ㉖ 言 ㉗ 明 ㉘ 置之死地而后生 ㉙ 音阶 ㉚ 高朋满座 ㉛ 噙

思维转转弯答案

⑪ 黯 ⑫ 田 ⑬ 十 ⑭ 咄 ⑮ 票 ⑯ 骡 ⑰ 桁 ⑱ 皇 ⑲ 忘 ⑳ 中的

快乐灯谜

32 退之如放逐（打二字娱乐新词）________

33 大多透支全还上（打三字娱乐新词）________

34 可怜王孙泣路隅（打四字典故名）________

35 冥王又怒，命以锯解其体（打四字典故名）________

36 考察敦煌古迹（打一成语）________

37 蚕头雁尾描红字（打一唐代诗人）________

38 中原游击高参（打一河南风景区名）________

39 垄上一片秋色（打一四川风景区）________

40 傍邻借得一东西（打一调味品）________

41 鞭挞日月久（打一调味品）________

42 “煌煌太宗业”（打一相声演员，三字）________

43 做事手段好精明（打三字教育机构简称）________

44 大会（打一成语）________

45 不舒服（打一成语）________

46 “玄德请二人到庄”（打二字古礼仪用语）________

47 遮住了花容月貌（打三字出版新词）________

48 七仙女嫁出去一个（打一成语）________

49 上上下下，不上不下（打一字）________

（答案见下页）

50 休得多言（打一文学名词）____________

51 何谓状元（打一文学名词）____________

52 今日秋尽（打一中药名）____________

（答案见本页）

思维转转弯

21 足智多谋（打两字）______ 22 能上能下（打两字）______

23 恰如其分（打两字）______ 24 装腔作势（打两字）______

25 从天而降（打两字）______ 26 目不转睛（打两字）______

27 气吞山河（打两字）______ 28 不败之地（打两字）______

29 不容分说（打两字）______ 30 一衣带水（打两字）______

（答案见本页）

快乐灯谜答案

32 韩流 33 达人秀 34 道旁苦李 35 割席断交 36 作壁上观 37 王维 38 白云山 39 黄龙 40 陈醋 41 老抽 42 李国盛 43 高招办 44 年幼无知 45 适得其反 46 备座 47 封面秀 48 六神无主 49 卡 50 歇后语 51 第一人称 52 明天冬

思维转转弯答案

21 会计 22 电梯 23 并重 24 相声 25 伞兵 26 假眼 27 氤氲 28 胜境 29 武断 30 雨披

快乐灯谜

53 不肯低头在草莽（打一唐朝诗人）________

54 问之不肯道姓名（打一唐朝诗人）________

55 遇事不求人（打一成语）________

56 黛玉掬花半收葬（打一花卉名）________

57 千里通电话（打一成语）________

58 油团（打一外国名著）________

59 方法论（打一中草药名）________

60 不知道（打一中草药名）________

61 石头旁边有块皮（打一字）________

（答案见下页）

思维转转弯

31 微乎其微（打两字）______

32 日新月异（打两字）______

33 不同凡响（打两字）______

34 好景不长（打两字）______

35 数一数二（打两字）______

36 异口同声（打两字）______

37 五体投地（打两字）______

38 坐以待毙（打两字）______

39 有伤风化（打三字词语）________

40 谈何容易（打三字词语）________

（答案见下页）

出联破谜

以前，每年元宵节，杭州西湖边上都要举行猜谜比赛。

有一次，徐渭路过杭州，也到西湖边观灯猜谜凑热闹。在游玩的过程中，他见一群人围着一盏大红灯笼争论不休，十分好奇，便到里面去瞧个究竟。

原来在红灯笼上有这样一副对联："白蛇过江，头顶一轮红日。"旁边还有一行小字："打一日常用品，并用一谜对出下联。"这则灯谜谜面很是平常，徐渭很快便想出了谜底，他上前对出了下联："乌龙上壁，身披万点金星。"

众人看着这两副灯谜都惑然不解，直到徐渭走后，才有人想出谜底：原来这两个谜题的谜底是油灯和杆秤。

快乐灯谜答案

53 陈子昂 54 杜甫 55 自力更生 56 墨菊 57 遥相呼应 58《羊脂球》59 白术 60 生地 61 破

思维转转弯答案

31 极小 32 初一 33 仙乐 34 美梦 35 兄弟 36 齐唱 37 卧倒 38 圆寂 39 感冒通 40 化妆学

快乐灯谜

62 尾生死前犹念伊（打一字）________

63 春秋（打二成语）________

64 万年青（打一成语）________

65 导游（打一成语）________

66 战乱重圆何感叹（打九笔字）________

67 乌蒙民族村夜酒（打四字娱乐新词）________

68 力主议和（打一战术）________

69 南北安全，左右倾斜（打一成语）________

70 天子春秋鼎盛（打一唐朝诗人）________

71 月清叶摇梅溪里（打三字风景区）________

72 卷尾猴（打一字）________

73 行去几回头（打二字网络名词）________

74 三方进厂里，还需要用力（打一调味品）________

75 古书一二卷，床头当早粮（打一调味品）________

76 0.5 伏（打一花卉名）________

77 病来方知健是仙（打一花卉名）________

78 人间万姓仰头看（打三字旅游名词）________

79 不比市朝争夺恶（打三字旅游名词）________

（答案见下页）

⑧⓪ 何以解忧？（打二字娱乐场所）________

⑧① 云峰缺处涌冰轮（打一风景名胜）________

⑧② 渡船帆饱如张弓（猜一乐器名字）________

⑧③ 大声无休时（猜一乐器名字）________

（答案见本页）

思维转转弯

㊶ 热火朝天（打三字词语）________

㊷ 一孔之见（打三字词语）________

㊸ 节节上升（打三字词语）________

㊹ 深不可测（打三字词语）________

㊺ 近水楼台（打三字词语）________

㊻ 吞吞吐吐（打三字词语）________

㊼ 土生土长（打三字词语）________

㊽ 声色俱厉（打三字词语）________

㊾ 白字连篇（打三字词语）________

㊿ 有机可乘（打三字词语）________

（答案见下页）

快乐灯谜答案

62 一 63 一年半载，无冬无夏 64 长生不老 65 引人入胜 66 哉 67 山寨春晚 68 阻击战 69 东倒西歪 70 王昌龄 71 青海湖 72 电 73 视频 74 咖喱 75 糖 76 半夏 77 康乃馨 78 观光团 79 农家乐 80 酒吧 81 月亮山 82 大鼓 83 长号

思维转转弯答案

㊶ 太阳灶 ㊷ 显微镜 ㊸ 爬竹竿 ㊹ 无底洞 ㊺ 望江亭
㊻ 脱粒机 ㊼ 农产品 ㊽ 彩调剧 ㊾ 黑板报 ㊿ 飞行员

快乐灯谜

84 轻骑飞跃（打三国中一人物名）________

85 事事齐全说汉高（打三国中一人物名）________

86 羽（打一常用语）________

87 自打阿毛死后，祥林嫂变得唠叨了（打一歇后语）________

88 爬楼梯（打一成语）________

89 千金小姐爱苗条（打一俗语）________

90 种牛痘（打《琼林》一句）________

91 好读书（打《论语》中一句）________

92 平等待客（打一文学名词）________

93 天女散花（打一新兴词语）________

（答案见 184 页）

思维转转弯

51 此起彼伏（打三字词语）________

52 悲喜交加（打三字词语）________

53 旁敲侧击（打三字词语）________

54 弦外之音（打三字词语）________

55 藏垢纳污（打三字词语）________

56 外强中干（打三字词语）________

57 入木三分（打三字词语）________

58 乐极生悲（打三字词语）________

59 化为乌有（打一成语）________

60 一览无遗（打一成语）________

（答案见下页）

元宵姑娘

东方朔是汉朝的文学家，不仅风趣而且心地善良。有一年冬天，东方朔到御花园赏梅，遇到一位宫女想要投井自尽。东方朔赶忙搭救并询问缘由，原来这名宫女叫元宵，因进宫时间太长，思念亲人又苦于不能相见，于是就有了轻生的念头。东方朔十分同情元宵的遭遇，就答应元宵，想办法让她同家人见一面。

东方朔乔装打扮替人占卜，无论谁来问卦，结果都是“正月十六火焚身”，长安城一时陷入恐慌。

汉武帝得知此事就找东方朔问询，东方朔说：“长安在劫，火焚帝阙，十五天火，焰红宵夜。”解释说：

正月十五晚家家挂灯吃元宵，城外百姓进城看灯，好似满城大火，这样就可以瞒过玉帝了。

于是，汉武帝下令全城张灯结彩，当天晚上，元宵双亲进城观灯，元宵如愿以偿见到了自己的父母，满足了心愿。

快乐灯谜答案

84 马超 85 刘备 86 复习 87 自小没娘，说来话长 88 步步高升 89 钱打把，人落肉 90 天花坠地 91 学而不厌 92 主人公 93 高消费

思维转转弯答案

51 跷跷板 52 婚丧事 53 打边鼓 54 飞鸣镝 55 垃圾箱 56 纸老虎 57 八十八 58 笑死人 59 鹊巢鸠占 60 尽收眼底

快乐灯谜

94 长河落日圆（猜一成语）________

95 天涯何处无芳草（打一成语）________

96 此章节错误较少（打五字口语）________

97 元宵隔日始营业（打四字出版名词，纸张类型）________

98 滚滚长江东逝水（打二字手机品牌）________

99 文章不写半句空（打二字文学名词）________

100 高不成，低不就（打一金融机构名称）____________

101 早穿皮袄午穿纱（打一医学名词）____________

102 人比黄花瘦（打一农业名词）____________

103 中华民族繁荣昌盛（打一近代烈士名）____________

104 其里之丑人，见而美之（打一百家姓）____________

105 皇家空军 No.1（打一四字电影）____________

106 为儿三易居，全面起变化（打一三字电影名）____________

107 酒杯虽小淹死人（打一南京风景名胜）____________

108 临亡头似雪，犹自显英雄（打一三字俗称谓）____________

109 央视女主持，身价谁最高（打一三字俗称谓）____________

110 长安市上酒家眠（打一花卉名）____________

111 人不风流只为贫（打一花卉名）____________

（答案见下页）

思维转转弯

61 力争上游（打一成语）____________

62 皮开肉绽（打一水果）____________

63 斤斤计较（打一体育项目）____________

64 一触即发（打一成语）____________

65 不留余地（打一成语）____________

（答案见下页）

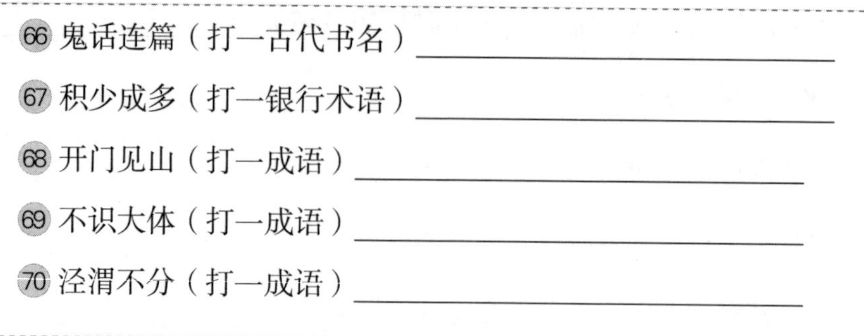

66 鬼话连篇（打一古代书名）________

67 积少成多（打一银行术语）________

68 开门见山（打一成语）________

69 不识大体（打一成语）________

70 泾渭不分（打一成语）________

（答案见本页）

快乐灯谜答案

94 风平浪静 95 不毛之地 96 这回差不多 97 十六开张 98 波导、海尔 99 成语、实录 100 中行 101 日服二次 102 植物肥 103 黄兴 104 长孙慕容 105 龙门飞甲 106 大玩家 107 警世钟 108 老黄牛 109 小丫头 110 白睡香 111 富贵花

思维转转弯答案

61 逆水划船 62 石榴 63 举重比赛 64 枪弹上膛 65 全面开荒
66 聊斋志异 67 零存整取 68 愚公之家 69 盲人摸象 70 清浊合流

快乐灯谜

112 妹妹的诗稿今何在（打一物）________

113 富豪日日来聚会（打一四字旅游名词）________

114 忙得不亦乐乎（打一四字娱乐场所）________

115 五月丰收后，扬帆庆胜利（打一三字电子产品）________

116 人到黔西母挂念（打一二字电子产品品牌）________

117 再三谦让（打三国中一人物名）________

118 为数虽少，却在百万之上（打一字）________

119 周转（打一成语）________

120 认祖归宗（打一民族名）________

（答案见下页）

思维转转弯

71 头头是道（打一成语）________

72 双手赞成（打一成语）________

73 蜜饯黄连（打一成语）________

74 单方告别（打一成语）________

75 照相底片（打一成语）________

76 爱好旅游（打一成语）________

（答案见下页）

燃灯七盏

在宋代，福州有一位叫蔡君谟的太守，在他治理下的福州满目疮痍，到处都是饿死的人，但是他却非要粉饰出一副天下太平的样子。于是，

他下了一道政令，要求管辖内的所有百姓，在每年元宵节必须点燃七盏彩灯。

有个叫陈列的穷人，制作了一盏一丈多高的大灯，在上面题了一首诗：“富家一盏灯，太仓一粒粟；穷家一盏灯，父子相对哭。”

消息传到了太守蔡君谟的耳朵里，了解这个情况后，他只好收回了命令。

快乐灯谜答案

⑪② 文具盒（文聚何） ⑪③ 天天发团 ⑪④ 休闲中心 ⑪⑤ 麦克风 ⑪⑥ 黑莓 ⑪⑦ 陆逊 ⑪⑧ 一 ⑪⑨ 无动于衷（中） ⑫⓪ 回族

思维转转弯答案

㉑ 四通八达 ㉒ 多此一举 ㉓ 同甘共苦 ㉔ 一面之词 ㉕颠倒黑白 ㉖ 喜出望外

快乐灯谜

121 西施脸上出天花（打一成语）________

122 五句话（打一成语）________

123 为储户保密（打《四书》中一句）________

124 洪湖歌声融暮色（打《滕王阁序》中一句）________

125 无可奈何花落去（打一常用词）________

126 何处拾贝壳（打一中国电视剧名）________

127 上不怕水，下不怕光，家家厨房都有一个（打一物）________

128 元旦元宵捷报频传（打一成语，首字五笔）________

129 身上节节高，分成一段段。看着像竹竿，吃着比蜜甜（打一植物）

____

130 宾客尽脱帽，洒泪来反思（打一音乐人，二字）________

131 太阳出来喜洋洋（打三字天文名词）________

132 吾与一家人，离散又重逢（打一党史人物，二字）________

133 曲意奉承不可取（打一港台歌星，二字）________

134 还是分开吧（打一二字外国名）________

135 天下谁人不识君（打我国两个地名）________

136 荐之于平原君（打一成语）________

137 一叶扁舟深处横，垂杨鸥不惊（打四字典故名）________

（答案见下页）

思维转转弯

77 多看无滋味（打一成语）______

78 兔子请老虎（打一成语）______

79 不考虑中间（打一成语）______

80 没关水龙头（打一成语）______

81 快刀斩乱麻（打一成语）______

82 暗中下围棋（打一成语）______

83 给家捎个话（打一成语）______

84 一块变九块（打一成语）______

85 鲁达当和尚（打一成语）______

86 哑巴打手势（打一成语）______

（答案见本页）

快乐灯谜答案

121 美中不足 122 三言两语 123 慎言其余 124 窜梁鸿于海曲 125 感谢 126 上海滩 127 锅 128 节节胜利 129 甘蔗 130 洛兵 131 日心说 132 伍豪 133 阿杜 134 古巴 135 常熟、大名 136 引人入胜 137 无人问津

思维转转弯答案

77 屡见不鲜 78 寅吃卯粮 79 瞻前顾后 80 放任自流 81 迎刃而解 82 皂白不分 83 言而无信 84 四分五裂 85 半路出家 86 不言而喻

快乐灯谜

138 极小同大（打一二字网络名词）________

139 一生为远客（打一二字俗称谓）________

140 生涯都在捕鱼船（打一四字旅游名词）________

141 一片汪洋都不见（打一四字旅游名词）________

142 乃醉翁之下属（打一句百家姓）________

143 瓜儿莲藕藤。藤儿连着瓜（打一二字网络名词）________

144 一片湖光里（打一乐器名）________

145 口中有辞同团圆（打一乐器名）________

146 建国方略（打一字）________

147 电脑不可少，上网更重要，是鼠倒是鼠，但却不怕猫（打一电子产品）________

（答案见下页）

思维转转弯

87 娄阿鼠问卦（打一成语）________

88 超级好牙刷（打一成语）________

89 猫狗像什么（打一成语）________

90 电锯开木头（打一成语）________

91 恐水病（打一成语）________

（答案见下页）

双喜临门

王安石20岁那年进京赶考，元宵节那天，他路过一个地方，当地的一家大户人家悬挂彩灯，出题招亲。这副对联是这样的："走马灯，灯走马，灯熄马停步。"

王安石看了之后，答不上来，却把这副对联记在了心中。

到了京城以后，在考试时，主考官也出了一个对联，这个对联竟然是："飞虎旗，旗飞虎，旗卷虎藏身。"

王安石大喜，立马提笔以招亲联作答，意外地中了进士。

他衣锦还乡时，王安石发现那大户人家的对联居然还是没有人能答上来，于是，王安石便以考题联作答，又娶了一个漂亮媳妇，真是双喜临门。

快乐灯谜答案

138 微博 139 老外 140 长江漂流 141 海上观光 142 上官欧阳 143 QQ
144 二胡 145 贝司 146 玉 147 鼠标

思维转转弯答案

87 做贼心虚 88 一毛不拔 89 如狼似虎 90 当机立断 91 惊涛骇浪

快乐灯谜

148 东郊远树看如画（打一字）________

149 泪（打一成语）________

150 洋为中用（打一民族名）________

151 铁公鸡（打一成语）________

152 心无二用（打一成语）________

153 游泳比赛（打一成语）________

154 回归洛阳（打《前出师表》中一句）________

155 子游（打《聊斋志异》中一篇名）________

156 有人无人都是你（打一字）________

157 望断南飞雁（打一日常用语）________

158 清明前夜（打一传统节日）________

159 愿用家财万贯，买个太阳不下山（打四字教育用语）________

160 细雨如丝正及时（打古称谓两个）________

（答案见本页）

快乐灯谜答案

148 邦 149 颠三倒四 150 纳西 151 一毛不拔 152 一心一意 153 力争上游
154 还于旧都 155 鼠戏 156 尔 157 久仰 158 元宵 169 自费留日 160 在下、小的

参考文献

[1] 张祥斌 . 趣味无穷的 600 个文字思维游戏 [M]. 北京：化学工业出版社，2012.

[2] 邢立方 . 优秀小学生最爱挑战的文字游戏 [M]. 哈尔滨：黑龙江教育出版社，2012.

[3] 崔钟雷 . 中华传世文萃 : 歇后语谚语大全 [M]. 哈尔滨：哈尔滨出版社，2011.

[4] 徐井才 . 校园图书角必备藏书 : 歇后语大全 [M]. 北京：新华出版社，2013.

[5] 刘敬余 . 小学生语文新课标必读丛书 : 谜语大全（彩图注音版） [M]. 北京：北京教育出版社，2012.

[6] 袁晖、吴仁泰 . 中华谜语大观 [M]. 北京：中国青年出版社，2001.

[7] 王庆新、李学文 . 天下对联奇趣妙 [M]. 北京：金盾出版社，2011.

[8] 童辉 . 中华对联大全集 [M]. 北京：外文出版社，2012.

[9] 王智英 . 新课标小学语文阅读丛书 · 第 6 辑 : 成语接龙游戏（彩绘注音版）[M]. 南昌：二十一世纪出版社，2010.

[10] 周勇 . 成语接龙游戏 1000 条 [M]. 北京：机械工业出版社，2013.

[11] 袁野 . 孩子最爱读的中国历史故事（美绘本）[M]. 乌鲁木齐：新疆青少年出版社，2010.

[12]《中华典故大全集》编委会 . 中华典故大全集（珍藏本）（超值白金版）[M]. 北京：中国华侨出版社，2010.